DAVID CARDANO

MENTAL TRAINING

Gli Elementi Chiave dell'Allenamento Mentale per la Crescita Personale e la Gestione Emotiva

Titolo

"MENTAL TRAINING"

Autore

David Cardano

Editore

Bruno Editore

Sito internet

http://www.brunoeditore.it

Sommario

Introduzione

La forte spinta alla ricerca e all'approfondimento delle discipline legate alla crescita personale e conoscenza interiore, mi hanno condotto a esplorare molti percorsi. Da sempre ho avvertito il forte e affascinante legame tra la mente e il corpo e sono molti anni che studio discipline corporee, psicologiche, meditative e spirituali.

Molte sono le perplessità e le questioni che durante le mie ricerche si sono manifestate e ogni volta che si scioglie un nodo di un perché molte sono le domande che si pongono davanti al mio cammino. Ecco alcuni esempi: quali sono le basi fisiologiche comuni del training autogeno, dell'ipnosi e della meditazione? Come fanno i pensieri a diventare biochimica e a condizionare la nostra vita e la nostra salute? Come può la mente trasformare un limite in possibilità? Com'è possibile la regressione spontanea e l'autoguarigione da una patologia? Come possiamo influenzare la fisiologia? Quali sono i meccanismi che fanno scattare le decisioni? Perché alcune persone davanti a un problema si bloccano e altre si attivano? Quali sono le caratteristiche degli uomini di successo e quali tecniche utilizzano? Come mai le persone davanti allo stesso problema si comportano diversamente? Perché due fratelli educati nello stesso modo fanno scelte diametralmente opposte?

Domande dense di argomenti che inducono allo studio, all'approfondimento, alla ricerca, alla teorizzazione e alla sperimentazione. Più conosco e scopro e più vivo in profondità le straordinarie potenzialità e capacità del nostro essere umano. Alcune risposte le ho trovate studiando e applicando il Mental training e desidero condividerle con tutti coloro che, come me, sono alla ricerca del miglioramento e sono spinti dal desiderio di evolversi. Il Mental training è un allenamento mentale che aiuta a potenziare le proprie capacità, è un insieme di tecniche mediante le quali ci si addestra allo scopo di migliorare la performance, è una metodologia teorica e pratica utile a gestire al meglio se stessi. Generalmente il Mental training è conosciuto e collegato allo sport e la psicologia dello sport lo utilizza per la preparazione mentale dell'atleta o della squadra di atleti.

Il Mental training, in questi contesti, è quel percorso di allenamento mentale cui si sottopone l'atleta al fine di acquisire o sviluppare un maggiore consapevolezza e un accesso alle condizioni psico-fisiche che gli consentiranno di esprimersi a livello di performance d'eccellenza.

Per poter portare l'atleta a questa condizione di efficienza si utilizzano molte tecniche della psicologia dello sport e molte tecniche di Programmazione Neuro Linguistica. Ma limitare o relegare il Mental training è fortemente riduttivo. Infatti, il Mental training che personalmente utilizzo e che in questo corso vi descrivo, è per tutti, ed è il frutto di un'unione di tecniche che derivano dal coaching, dalla PNL, dal counseling, dal pensiero positivo, dalla psicologia dello sport, dal costruttivismo dal comportamentismo, dal cognitivismo e da filosofie orientali e occidentali. Ecco ora uno schema sintetico ma esplicativo del Mental training. Gli oggetti d'intervento del Mental training sono le seguenti aree tematiche:

- la motivazione;
- l'autostima;
- l'autoefficacia;

- gestione di ansia e stress;
- programmazione e raggiungimento di obiettivi;
- i pensieri e le nostre percezioni del mondo;
- i fattori di distrazione;
- il dialogo interno;
- la comunicazione interpersonale;
- la comunicazione intrapsichica (dialogo interiore o self talk);
- i traumi fisici e psichici;
- le emozioni (consapevolezza emotiva, gestione emotiva, motivazione emotiva).

Con questo corso desidero strutturare un lavoro utile al fine di:

- imparare a individuare e definire obiettivi e strategie;
- gestire la fatica e recuperare al meglio le energie;
- imparare a rilassarsi e attivarsi;
- abituare la mente ad allenarsi;
- gestire le fasi critiche e le problematiche della vita;
- sviluppare una sana competitività;
- acquisire una maggior consapevolezza;
- ottenere relazioni soddisfacenti;

- migliorare le relazioni sociali, lavorative, affettive;
- gestire e ridurre lo stress;
- ampliare i propri punti di vista acquisendo flessibilità;
- modificare i pensieri limitanti;
- accedere alle potenzialità della mente subconscia.

CAPITOLO 1:
Conoscere il Mental training

Mental training per tutti

Questo è un corso per tutti ed è dedicato a coloro che desiderano poter esprimere le loro potenzialità negli ambiti della vita. Con questo corso riuscirai a comprendere profondamente le tue potenzialità, acquisterai padronanza dei sensi, potrai sfruttare al meglio le tue energie, favorirai attivamente le capacità della mente e del corpo, reagirai agli eventi riuscendo a essere efficiente in situazioni apparentemente impossibili e supererai molti limiti.

Ma ricorda che sono necessarie motivazione, voglia di cambiamento e costruttiva perseveranza. Il Mental training è applicabile a qualsiasi contesto della vita e una volta apprese le sue basi e acquisite le sue tecniche, diventerà utile ed efficace. Questo corso parlerà del Mental training per tutti. Il suo scopo generale è di aiutare le persone a usare al meglio le connessioni mente-corpo e spiegherà come le tecniche del Mental training possano portare a ottenere grandi risultati, oltre che nello sport, nella via di tutti i giorni.

I lettori troveranno quindi nei capitoli che seguiranno una serie di spiegazioni, motivazioni, tecniche, suggerimenti e segreti che saranno applicabili liberamente in vari contesti, da quello lavorativo, professionale, sociale, relazionale, sportivo amatoriale e agonistico, interpersonale e intrapsichico. Lo scopo di questo corso è principalmente pratico e la sua stesura è finalizzata a essere utilizzata giornalmente.

Anche se è possibile leggerlo dall'inizio alla fine senza pause, vi consiglio di leggerlo anche a tappe soffermandovi sulle tecniche proposte, il tempo giusto per sperimentarle efficacemente. Il mio intento è fornire tecniche di facile applicazione e di grande utilità. Vedrete e imparerete tramite il Mental training a mantenere l'attenzione, avere autostima, a pianificare gli obiettivi e mantenere l'autocontrollo nelle situazioni di stress, ad avere maggior consapevolezza, a eliminare paure e insicurezze, a gestire l'ansia, a incrementare la forza di volontà e a costruire il futuro che desiderate. Scegliete una tecnica o due e provatela per un periodo di 4/5 settimane. Il lasso di tempo che vi suggerisco è molto importante. Le ricerche sullo sviluppo delle abilità, del comportamento e dell'eliminazione di cattive abitudini dimostrano che uno schema può essere appreso o modificato, mettendo in pratica le tecniche necessarie, per un tempo minimo di quattro settimane. È un principio valido per tutti gli aspetti del cambiamento personale.

Altro punto molto importante per la lettura di questo corso è la sospensione del giudizio e la disponibilità a provare qualcosa di nuovo e che potrebbe inizialmente essere percepito come strano. Questo corso offre nuovi approcci ed è richiesta la capacità di lasciare da parte ciò che già conosciamo per far spazio alle novità.

Ormai è assodato che la mente e il corpo siano strettamente legati uno all'altro e questo è l'elemento fondamentale del Mental training. Ci sono persone con una capacità innata di controllare il proprio corpo attraverso la mente, ci sono altre persone invece che imparano a farlo con impegno e costanza (io sono uno di quelli). Altri ancora purtroppo non riescono nemmeno a immaginare di poterlo fare e la loro credenza li imprigionerà per sempre alle catene del limite autoimposto. Sono molti anni che nel mio lavoro ho a che fare con le persone per vari aspetti. Ma sono anche molte le volte che nella vita sociale extra lavorativa ho modo di ascoltare i modelli di pensiero di molte persone. Rimango sgomento e stupito da come i nostri stessi pensieri possano limitarci, stressarci, impaurirci, bloccarci, crearci ansie, anticipazioni irrazionali di negatività e molto altro ancora. Sovente mi stupisco, e talvolta m'infastidisco, nel vivere, anche indirettamente, comportamenti dettati da pensieri limitanti.

Esperienza personale

Ho conosciuto persone che potrebbero "spiccare il volo" ma che rimangono incatenate al suolo, persone che hanno una visione del mondo disfunzionale non perché reale ma perché creata, costruita e supportata dalle loro menti. Queste hanno strutturato forme e modelli di pensiero estremamente limitanti per se stessi e per le persone che gravitano intorno a loro. Persone che proiettano al mondo intero i loro limiti credendo siano regole universali e verità assolute. Persone che sono intrappolate dalla loro stessa mente e dai loro stessi pensieri e non ne sono consapevoli. Io li definisco: i prigionieri di loro stessi!

Ma a tutte queste persone desidero ricordare che la mente e i suoi pensieri possono esercitare sul corpo un potere immenso tale da poterci permettere di eliminare paure, superare ostacoli, alleviare i dolori, limitare l'ansia, controllare le emozioni, o addirittura favorire la guarigione.

È però vero anche il contrario. Molto spesso, infatti, la mente ci condiziona a tal punto da limitare le nostre potenzialità ponendoci dei limiti che in realtà saremmo ampiamente in grado di superare. Altro concetto interessante è che verrebbe istintivo pensare che le persone "vittime" di limitazioni, comportamenti inefficaci e risultati scadenti desiderino ardentemente uscire da questa prigione. Invece sovente non è così! A volte il prigioniero di se stesso o carcerato inconsapevole si affeziona alle proprie catene.

In alcune sessioni di counseling e coaching, da me tenute, il cliente, nonostante si lamenti di come vanno le cose nella propria vita, manifesta una sorta di dicotomia tra ciò che dichiara di volere e ciò che oggettivamente fa in senso collaborativo per il cambiamento. La libertà talvolta spaventa! Alcuni studiosi e ricercatori definiscono questo comportamento *la sindrome del canarino*. Questa analogia è dovuta al fatto che in alcune persone accade inconsciamente ciò che accade a un canarino o volatile tenuto a lungo in una gabbia. Se si apre la porticina e si sollecita il volatile a uscire per assaporare la libertà spesso gironzola smarrito nei pressi della sua gabbia per poi rientrare nella stessa prigione che è divenuta ormai per il volatile addirittura confortevole e rassicurante.

La prestazione

In questo corso parlerò e utilizzerò sovente il termine prestazione o performance. Con questo termine intendo il suo significo nella sua più ampia accezione. Infatti, per prestazione intendo un comportamento, un'azione o delle sequenze di comportamenti e di azioni. La prestazione è creata da: azioni, decisioni, pensieri, finalizzati a raggiungere un obiettivo e un risultato. Quando leggerete quindi il termine *prestazione* ricordatevi che ci sono diverse tipologie di prestazione. Ci sono prestazioni in ambito lavorativo, aziendale, sportivo, di relazione, di quotidianità e di qualsiasi altra situazione di vita in cui si ricerca un obiettivo e si desidera essere efficaci. Nel Mental training per raggiungere la prestazione sono necessari dodici presupposti base. Ve ne sono sicuramente altri oltre ai dodici che riporterò ma ritengo che quelli che leggerete fra poco siano i più rilevanti.

I dodici presupposti del Mental training

Qui di seguito vi elenco dodici presupposti del Mental training da me specificatamente descritti e che riassumono lo studio di molti ricercatori:

- i principali responsabili dei risultati nella nostra vita siamo noi stessi;
- ciò che noi siamo nella vita dipende fondamentalmente dalle nostre scelte e azioni;
- le nostre scelte e azioni sono in funzione dei nostri pensieri;
- i responsabili e i "padroni" dei nostri pensieri siamo noi stessi;
- noi possiamo scegliere i nostri pensieri;
- noi possiamo stabilire la durata di permanenza dei nostri pensieri nella nostra mente;
- i pensieri sono "soltanto" pensieri e possono essere cambiati;
- la mente crea i pensieri ed è uno strumento potentissimo;
- ogni strumento, per poter funzionare al meglio, deve essere

utilizzato al meglio;

- lo strumento mente crea pensieri, abitudini, convinzioni, valori, stati emotivi e la nostra visione del mondo;
- ad ogni idea e ad ogni immagine mentale tende a corrispondere l'effetto fisico ad essa correlato;
- di fronte a una grande emozione che spinge per essere soddisfatta ogni approccio razionale è inefficace.

Desidero approfondire l'ultimo punto. Il mio lavoro quotidiano di counselor e trainer mi porta in contatto con individui "schiavi" delle proprie emozioni. Sovente mi sento ripetere: «Capisco che sarebbe giusto o meglio non fare così ma io continuo a farlo o non riesco a smettere di farlo». Oppure: «Capisco che sbaglio ma è più forte di me»; «Mi sforzo di non pensarci ma il pensiero s'ingigantisce»; «Vorrei ma non ci riesco».

Capito? La forza di volontà davanti a una forte emozione perde sempre, è come una diga che davanti a uno tsunami crolla e viene spazzata via. Esiste inoltre la legge dello sforzo inverso che dice: «Quando un'idea si fissa nella mente con forti cariche emozionali ogni sforzo per sradicarla si trasforma nell'effetto esattamente contrario». Ecco perché il Mental training dovrebbe essere insegnato anche nei banchi di scuola.

SEGRETO n. 1: assumete il controllo affrontando in modo più efficace le situazioni di vita e le persone assumendovi la responsabilità delle vostre azioni.

Gli errori che il Mental training insegna a evitare

Gli errori che il Mental training insegna a evitare sono i seguenti:

- **doverizzazioni**: *dovrei*, *devo*, *bisogna*, *si deve*, sono elementi che evidenziano nella persona che le pronuncia di frequente, la presenza di un atteggiamento rigido e tendente alla confusione tra *pretendere* e *desiderare*;
- **pensiero dicotomico**: le cose sono viste in termini di categorie senza gradi intermedi. Esempi: una situazione o è un successo oppure è un fallimento (il famoso *bianco o nero*), una situazione non è proprio perfetta allora è un completo fallimento (pensiero del *o tutto o niente*);
- **ipergeneralizzazione o "globalizzazione"**: uno specifico evento si trasforma in una caratteristica di vita in generale o globale anziché essere giustamente vista come un evento tra

tanti. L'errore di fare di tutta l'erba un fascio;

- **etichettamento**: identificare qualcuno o qualcosa tramite un'etichetta globale piuttosto che riferirsi a specifici eventi o azioni;
- **catastrofizzare**: questo è l'atteggiamento per cui gli eventi negativi che possono verificarsi sono vissuti come catastrofi generalizzate piuttosto che essere vissuti con un atteggiamento più moderato e contestualizzato;
- **squalificare il lato positivo**: le persone che utilizzano questo atteggiamento vedono ogni esperienza con una visione negativa trascurando ogni elemento positivo. Queste persone generalmente sostengono che altri individui stiano formulando giudizi negativi ma senza alcuna prova evidente di ciò che affermano;
- **personalizzazione**: questo atteggiamento porta le persone a pensare di essere essi stessi la causa di un particolare evento mentre invece negli eventi sono responsabili altri fattori;
- **astrazione selettiva**: le persone che ricadono in questo atteggiamento vedono un solo aspetto di una situazione complessa mentre gli altri aspetti rilevanti della situazione sono ignorati o non percepiti;

- **riferimento al destino**: le persone reagiscono come se le proprie aspettative negative sugli eventi futuri siano fatti già stabiliti. Tutto è già scritto ed è immutabile;
- **minimizzazione**: chi assume questo atteggiamento percepisce le esperienze e le situazioni positive come reali ma insignificanti.

SEGRETO n. 2: imparate a comprendervi meglio, impegnandovi a divenire più consapevoli di voi stessi, prendendo nota del vostro stato d'animo e delle vostre sensazioni corporee.

L'utilità del Mental training

Il Mental training è utile, se praticato con costanza e curiosità, per imparare abilmente il controllo della mente a favore anche del corpo e per superare i propri limiti.

Mental training nella Prestazione sportiva

Nel campo sportivo è possibile portare a termine un allenamento faticoso allo stremo delle forze tramite il controllo delle proprie volontà ed emozioni, eliminando ogni interferenza negativa come la fatica, la stanchezza, la tensione, il dolore muscolare e altri eventi. Tutto questo ci permette di eseguire quell'ultimo sforzo o tentativo in più per la riuscita della nostra nuova performance.

Mental training per il raggiungimento degli obiettivi

Nel raggiungimento degli obiettivi lo stress è uno dei maggiori deterrenti. È limitante e potrebbe agire negativamente sulla riuscita del nostro obiettivo. Un alto indice di stress negativo (distress), oltre che influire negativamente sulle energie fisiche quindi sulla forza e sulla resistenza, limita anche la motivazione. Il Mental training ha come obiettivo tenere sotto controllo ogni situazione di stanchezza fisica e mentale, di insegnare a controllarci emotivamente e attuare ogni strategia per favorire un completo recupero riducendo ogni stress. Il Mental training è utile anche quando ci si trova in difficoltà permanenti, in quanto le sue tecniche aiutano a trarre grande forza e motivazione anche dalle situazione complicate. Usando appunto le varie tecniche che andremo a sviscerare nei prossimi capitoli ci si potrà rafforzare e aumentare la motivazione riuscendo a portare a termine e a superare ogni ostacolo apparentemente insormontabile. Il Mental training è inoltre utile per contrastare la noia, la stanchezza e l'irritabilità, che spesso conducono allo stato di stress, di affaticamento generale e di svogliatezza riducendo le nostre potenzialità ed energie.

Con una mirata educazione mentale si potrà attingere alla forza e alle nostre potenzialità nascoste e si potrà trovare un approccio positivo e migliore alla vita. Il Mental training concorre al raggiungimento dell'equilibrio tra mente e corpo, (ricordatevi però di non trascurare il riposo, di curare una corretta alimentazione e una sana attività motoria). Questo equilibrio permetterà di trasformare qualsiasi momento di vita in energia positiva utilizzabile, stimolerà il corpo attraverso un approccio mentale positivo a percepire e creare buone sensazioni, donandoci nuovi stimoli, tanta carica e un aspetto generale migliore. Per questo motivo il Mental training sviluppa attitudini positive che ciascuno di noi possiede, come l'acutezza sensoriale, la capacità di essere percettivi, di cogliere i segnali che provengono dall'ambiente, di capirli e utilizzarli per raggiungere gli obiettivi personali. Tutto questo è possibile attraverso l'uso dell'umorismo, dell'ottimismo, della flessibilità e della creatività.

SEGRETO n. 3: nel Mental training non esistono comportamenti buoni o cattivi, comportamenti corretti o scorretti, azioni giuste o sbagliate. Nel Mental training bisogna valutare solamente se i nostri pensieri e le nostre azioni sono efficaci o inefficaci.

Gestire o eliminare le convinzioni inefficaci

La differenza tra avere convinzioni potenzianti e avere convinzioni disabilitanti nel Mental training è fondamentale. Ci sono difficoltà anche se si hanno convinzioni potenzianti eccessive, soprattutto se la persona ha un'idea *gonfiata* delle proprie abilita\capacità, ma la maggior problematica si manifesta in presenza di convinzioni inefficaci. Le *convinzioni* sono, per il Mental training, degli indicatori di come vediamo il mondo. Ci sono persone che sono consapevoli che alcune delle loro convinzioni sono prive di logica, irrazionali e poco utili, ma sembrano non essere capaci di smettere di agire in base ad esse, pensando che in alcuni casi siano utili, logiche o vere. Conoscere e comprendere le convinzioni è importante così come scoprire e utilizzare le convinzioni che ci possono portare dove vogliamo arrivare, e conoscere e abbandonare quelle che non ci portano da nessuna parte.

Facciamo un esempio: se in una persona è presente la convinzione di non poter fare una certa cosa, come reagirà la sua mente? La sua mente reagirà strutturando la visione del fallimento. In questo caso, a quanto del suo potenziale potrà attingere? Evidentemente a ben poco, proprio perché è come se avesse comunicato alla propria mente di prepararsi al fallimento e all'insuccesso.

Di conseguenza che tipo di azioni intraprenderà? Quasi sicuramente azioni di sfiducia, incoerenti, negative e scarsamente energiche che non rifletteranno il suo reale potenziale. Se la nostra mente è convinta di andare verso una situazione negativa e fallimentare si impegnerà per raggiungere quell'obiettivo!

Affrontare e superare le difficoltà trasformando un problema in opportunità

Questo breve capitolo tratta un elemento che uso molto e condivido in ogni corso di crescita personale. Per applicare e fare proprio questo concetto è importante imparare a cambiare l'immagine che abbiamo di noi e riuscire a vedere un lato costruttivo della situazione.

Come conseguenza di questo cambio di atteggiamento le difficoltà che dovremo affrontare ci appariranno meno insormontabili. Personalmente ogni volta che ho un problema, dopo aver superato la prima breve fase di rabbia o delusione, per cambiare stato mentale, mi vedo in grado di uscire fuori dal problema nel migliore dei modi e m'immagino la gioia e l'orgoglio di dimostrare a me stesso e agli altri la mia forza.

Inoltre vedo il problema come una scheda di allenamento intensa, e farla mi porterà al miglioramento. Il tutto diventa quasi un gioco e dunque, anche le difficoltà si affrontano giocando. Penso inoltre che se nella vita tutto fosse già stabilito e non ci fossero mai imprevisti, la mia capacità di migliorare non crescerebbe: rimarrei sempre con le capacità che ho già, senza mai migliorare. La continua crescita è per me un valore importante, dunque ben vengano (ogni tanto) anche delle difficoltà che mi spingono a superare i miei limiti. Questa è la mia modalità.

Ognuno deve trovare la sua. Con un percorso di Mental training aiuto le persone a trovare la propria. Ultima cosa. Quando ci imbattiamo in un problema, non è obbligatorio farcene carico completamente o risolverlo da soli. Sovente incontro persone che, piuttosto che chiedere aiuto a qualcuno, cadrebbero nella peggiore situazione possibile o che pensano che chiedere aiuto sia segno di debolezza. Io credo e insegno che chiedere aiuto, quando necessario, sia segno di forza e saggezza.

Parlando con i molti clienti e corsisti che ho avuto piacere di incontrare, ho evidenziato che numerose persone percepiscono le difficoltà insormontabili perché non hanno il coraggio o l'umiltà di chiedere aiuto a chi è più bravo o ha maggiori competenze di noi. Ma tutto ciò è inefficace. Ecco allora che il concetto di trasformare un limite in possibilità e un problema in opportunità è veramente la differenza che fa la differenza.

RIEPILOGO DEL CAPITOLO 1:

- SEGRETO n. 1: Assumete il controllo affrontando in modo più efficace le situazioni di vita e le persone e assumendovi la responsabilità delle vostre azioni.
- SEGRETO n. 2: Imparate a comprendervi meglio, impegnandovi a divenire più consapevoli di voi stessi, prendendo nota del vostro stato d'animo e delle vostre sensazioni corporee.
- SEGRETO n. 3: Nel Mental training non esistono comportamenti buoni o cattivi, comportamenti corretti o scorretti, azioni giuste o sbagliate. Nel Mental training bisogna valutare solamente se i nostri pensieri e le nostre azioni sono efficaci o inefficaci.

CAPITOLO 2:
Come utilizzare il Mental training

Mental training e stato emotivo

Per *stato emotivo* s'intende la condizione emozionale di un soggetto, ossia i suoi pensieri, il suo umore, i suoi sentimenti e le sue sensazioni. In che stato emotivo vi trovate in questo momento mentre state leggendo questo libro? Siete felici, tristi, euforici, sconvolti, arrabbiati, gioiosi, pieni di energia, depressi, curiosi, eccitati, concentrati o annoiati?

Lo stato in cui vi trovate ha un effetto immediato sul vostro comportamento, sulla vostra postura, sul vostro respiro, sul vostro battito cardiaco, sul modo in cui gli altri vi percepiscono e sulle esperienze che ricavate come risultato. Influenza inoltre anche il modo in cui vedete il mondo e i risultati che ottenete da questa visione. Quando si è arrabbiati o scoraggiati sperimentiamo il mondo in modo diverso rispetto a quando siamo fiduciosi. Il Mental training e le tecniche che insegno rendono possibile imparare a farci carico più consapevolmente dello stato emotivo che sperimentiamo ogni istante. Il nostro stato emotivo è determinato dalle immagini che costruiamo dentro di noi.

Possiamo imparare a cambiare le nostre immagini in modo da cambiare anche il nostro stato. La condizione mentale influenza il modo in cui vi muovete, camminate, state seduti, il modo in cui inclinate la testa o curvate la schiena e la spina dorsale. Pensate a come cambiate postura quando siete tristi e a cosa succede quando, invece, siete felici o arrabbiati. Potete cambiare stato modificando l'oggetto dei vostri pensieri. Per prima cosa trasformate le immagini interne che vi costruite perché ciò cambia la vostra fisiologia e il modo in cui vi comportate, ed è il vostro comportamento a modificare i risultati che potete ottenere.

Vi faccio un altro esempio: siete sereni e spensierati e state andando a ritirare gli esiti delle analisi del sangue fatte per un controllo di routine. Vedete degli asterischi che indicano che alcuni valori sono fuori range. Un medico vi dice che la situazione è un po' a rischio e di colpo vi preoccupate e nella mente cominciano a prendere forma immagini e pensieri di malattia e di negatività. Prenotate allora una visita da uno specialista. Vi tenete questo stato d'animo per tutti i giorni di attesa. Arriva il giorno dell'appuntamento dallo specialistica, il professore vi visita e vi dice di non preoccuparvi in quanto i valori non sono un problema. Di colpo lo stato d'animo che vi ha tediato per giorni scompare e in pochi attimi riappare la serenità e la positività. Che cosa meravigliosa. Pochi secondi, un nuovo modo di vedere le cose, e tutto cambia!

Prendete consapevolezza di questi meccanismi, allenatevi e scoprirete grandi cose. Ho parlato di questi argomenti in maniera dettagliata nel corso *Il Corpo e la Mente*. Se lo desiderate, potrete approfondirli tramite la sua lettura.

Il Mental training e le credenze

Le credenze sono dei potenti comandi del cervello che governano il nostro comportamento. Le credenze sono forze possenti, possono infatti limitare o potenziare il nostro essere. Quelle che limitano le azioni e i pensieri sono *distruttive* mentre le altre, quelle che potenziano, sono *creative*. Le credenze nel Mental training ci aiutano a utilizzare risorse potenti dentro, a mutare i nostri comportamenti e possiamo imparare a indirizzarle per raggiungere gli obiettivi. Durante il percorso di Mental training insegno a comprendere che le nostre credenze sono una scelta e possono essere una scelta conscia. La gestione della credenza porta all'eccellenza. Qui di seguito vi elenco alcune credenze che per il Mental training sono molto importanti e utili.

Credenza n. 1

Nulla avviene per caso: o meglio, tutto ciò che accade nella nostra vita ha una ragione, un perché, uno scopo e può tornarci utile come insegnamento.

Credenza n. 2

Il fallimento non esiste: o meglio, se non otteniamo ciò che desideriamo o non arriviamo dove vorremmo arrivare non abbiamo fallito ma abbiamo ottenuto un risultato diverso. Quindi ci sono solo *risultati*.

Credenza n. 3

È importante conoscere e comprendere le cose per essere in grado di utilizzarle.

Credenza n. 4

Il lavoro è come un bel gioco o meglio, mentre si lavora è molto importante sapersi divertire. Questo è ancora più vero se pensate che nessuno ha mai avuto successo nel fare ciò che detesta.

Credenza n. 5

Le persone sono delle risorse fondamentali. Le persone che raggiungono risultati hanno il senso dello sforzo unitario e della condivisione.

Credenza n. 6

Il successo, per essere duraturo, necessita di un continuo impegno. Non esistono grandi risultati senza grandi impegni.

Credenza n. 7

Per ogni cosa che accade, è necessario assumersi le proprie *responsabilità*. Le persone di successo tendono ad affermare che i maggiori responsabili di ciò che accade nella loro vita sono loro stessi.

Credenza n. 8

La fortuna non esiste. La fortuna la creiamo noi!

Mental training e comportamento

Il Mental training ha un'utilità anche sul versante comportamentale, in quanto porta al superamento degli schemi di comportamento disfunzionali abituali. Un altro presupposto importante che utilizzo nel Mental training è il seguente: un essere umano agisce, sente e si comporta seguendo sempre ciò che immagina essere vero riguardo a se stesso e al suo ambiente. Questa è una legge basilare e fondamentale della mente. È il modo in cui siamo fatti. Noi agiamo o falliamo nell'azione non a causa della *volontà*, come si crede comunemente, ma a causa dell'immaginazione.

Senza esagerare, possiamo affermare che ogni essere umano è condizionato dalle idee altrui che accetta a priori o da idee proprie della cui veridicità si è convinto ripetendole a se stesso più e più volte. Ogni persona attua normalmente dei comportamenti che sono coerenti con la propria rappresentazione del mondo e ogni comportamento produce dei risultati.

Se cambia la rappresentazione dell'esperienza, cambiano i comportamenti che la persona attua in risposta all'esperienza. Molte scienze psicologiche studiano come modificare, attraverso il linguaggio, la rappresentazione dell'esperienza per raggiungere i risultati che desideriamo, modificando i comportamenti meno efficaci e sostituendoli con comportamenti eccellenti. Il comportamento è anche un prodotto dei *meta programmi.* I meta programmi sono filtri o modi di vedere il mondo e aiutano a spiegare perché le persone fanno o meno certe cose. Divenendo consapevoli dei nostri meta programmi, siamo capaci di modificarli. Nei miei corsi di Mental training insegno questa consapevolezza e tutto ciò porterà a migliori risultati. Il Mental Training è una scienza che consente di raggiungere risultati eccezionali per quanto riguarda i comportamenti.

SEGRETO n. 4: migliorate i vostri comportamenti e gestite le questioni pratiche, valutando ed esaminando con attenzione il vostro ambiente, il vostro stile di vita, riconoscendo le vostre abilità, facendo scelte impegnative, ricercando e creando uno stile di vita equilibrato e salutare.

I meta programmi e il Mental training

I meta programmi sono filtri o modi di vedere il mondo e aiutano a spiegare perché le persone fanno o non fanno determinate cose. Sono "programmi interni" che impariamo a "eseguire" per alcune o molte occasioni ripetute. I meta programmi sono gli schemi di pensiero che mettiamo in atto in ogni processo decisionale. Questi schemi sono come dei filtri inconsci molto profondi che influenzano il comportamento nella vita privata e professionale. Ogni individuo elabora le informazioni provenienti dal mondo esterno e, attraverso i meta programmi, crea le proprie rappresentazioni interne attraverso le quali sceglierà in futuro i comportamenti da adottare nella vita.

Personalmente definisco i meta programmi delle "strategie" che adottiamo per vivere la vita, per convincerci di qualcosa, per difenderci da qualcosa, per ottenere qualcosa, per convincere gli altri di qualcosa, per decidere qualcosa, per risolvere i problemi, per fare scelte, per motivarci, per comunicare con qualcuno ecc.

Inoltre i nostri meta programmi hanno il potere di influenzarci al punto di percepire se possiamo fidarci o meno di una persona, o di percepire se una persona ci è simpatica o antipatica, e se ci sentiamo sicuri con essa. Molti definiscono tutto ciò un "sesto senso" ma per il Mental training sono *meta programmi*. Divenendo consapevoli dei nostri meta programmi siamo capaci di modificarli. In ogni meta programma c'è una gamma di opzioni. I meta programmi sono molti e la loro trattazione, studio e analisi richiederebbe essa stessa un libro a parte. Qui di seguito vi faccio solo alcuni esempi di meta programmi per comprendere meglio in cosa consistono e per farvi capire perché è importante conoscerli e riconoscerli. Ricordate che nei meta programmi è possibile rientrare anche solo parzialmente o totalmente.

Meta programma "verso il" o "via da"

Le persone *verso il* si focalizzano su ciò che vogliono piuttosto che su ciò che non vogliono. Si focalizzano sul futuro, lavorano su obiettivi e sono aperti ai cambiamenti a patto che ci sia uno scopo chiaro. Tendono ad andare verso la soluzione.

I *via da* tendono a focalizzarsi su ciò che è sbagliato, difficile o che non funziona. Troveranno spesso dei motivi per non impegnarsi o per non lavorare su nuovi obiettivi. Tendono ad analizzare troppo i problemi invece di cercare nuove soluzioni orientate al futuro. Tendono ad allontanarsi dal problema.

Meta programma opzioni o procedure

Questo meta programma ha a che fare con i motivi su cui si fondano le azioni delle persone. Alcuni cercano nuovi metodi, altri si attengono ai metodi collaudati e affidabili che hanno usato in passato:

- *opzioni*: ci sono persone che cercano nuovi modi e affrontano il rischio di introdurre qualcosa di diverso nella loro ricerca di un metodo migliore. Sono motivati dalle nuove idee e proveranno cose nuove, sebbene le routine ritenute collaudate e affidabili abbiano funzionato in passato. Non importa quanto qualcosa abbia funzionato in passato, loro cercheranno un modo diverso;
- *procedure*: ci sono persone che amano le cose collaudate, testate e affidabili. Secondo la loro visione esiste un solo modo giusto o corretto. Non sono interessati alla scelta, alle nuove strade o al cambiare le cose per il gusto del cambiamento. Credono che le cose già iniziate dovrebbero essere perseguite fino alla fine.

Meta programma interno o esterno

Questo meta programma spiega le basi della motivazione di un individuo. Alcune persone ottengono tutta la motivazione di cui hanno bisogno da se stessi. Non importa ciò che sta accadendo, sembrano capaci di andare dentro di sé, di scavare in profondità e trovare qualcosa di eccezionale che faccia la differenza. Altre persone sono molto influenzate dall'esterno e hanno bisogno di feedback positivi riguardo a ciò che stanno facendo. Le opinioni delle altre persone sono la loro motivazione principale. Privati di queste, possono facilmente perdere le qualità che danno loro un vantaggio sugli altri e compromettere la loro performance.

Meta programma uguaglianza o differenza

Questo meta programma riguarda il bisogno o il desiderio di cambiare dell'individuo e la frequenza con cui il cambiamento è richiesto. In base al grado del desiderio di cambiare le persone tendono a concentrarsi sulle somiglianze/uguaglianze o sulle differenze.

I valori nel Mental training

I *valori* sono le forze principali che determinano i pensieri e i comportamenti, e giacciono a un livello molto profondo. Forniscono le motivazioni e le linee guida che stanno alla base dei comportamenti e delle capacità utilizzate per raggiungere risultati in ambito relazionale. I valori sono le ragioni più profonde che portano le persone a comportarsi in un determinato modo e possono essere la chiave di accesso a determinate capacità e a comportamenti efficaci e d'eccellenza, oppure possono costruire ostacoli all'utilizzo del potenziale di ogni persona. I valori operano a un livello superiore rispetto a quello comportamentale: influenzano il modo in cui la persona percepisce e interpreta gli eventi e quello in cui agisce. A seconda del tipo di valori presenti, le persone metteranno in atto comportamenti diversi. Il Mental training si occupa di destrutturare, modificare o attenuare valori disfunzionali e di strutturarne di nuovi più funzionali e utili.

Elementi chiave del Mental training: Indipendenza dall'approvazione altrui

Aver fiducia in se stessi significa anche stare bene con se stessi, essere indipendenti dagli altri, soprattutto indipendenti dalle loro lodi, dalla loro approvazione. Questo concetto è espresso con l'espressione *motivazioni intrinseche* e nei meta programmi rientra nella categoria “interno”.

Se dipendo dall’approvazione altrui, il mio sentirmi bene sarà sempre soggetto all’umore altrui. Il baricentro della mia serenità sarà posto all’esterno, al di fuori di me, vulnerabile a tutte le intemperie della vita. Questo concetto è espresso con l’espressione *motivazioni estrinseche* e nei meta programmi rientra nella tipologia *esterno*. È molto comune, e forse anche naturale, ricercare la causa dei nostri problemi negli altri. Ma io non posso cambiare gli altri, è sciocco quindi dare loro tutto questo potere. È meglio accettare il fatto che la fonte dei miei problemi sia io! Io posso decidere e ho il potere di cambiare, di avere il baricentro della mia serenità dentro di me.

La concentrazione o focalizzazione dell’attenzione: *focusing*

È la capacità di “fare il vuoto” prima di un evento importante, è la capacità di focalizzare l’attenzione su un compito per un determinato periodo di tempo, senza essere distolti da fattori interni (ad esempio pensieri negativi) ed esterni (come i rumori e ciò che ci circonda). La concentrazione è molto importante per raccogliere davvero tute le energie e concentrarle in ciò che si sta facendo.

Autostima

L'autostima è un elemento fondamentale. Può essere paragonata a una sensazione di benessere e libertà. L'autostima è costituita da un insieme di elementi che uniti portano l'essere umano a stimarsi e star bene con se stesso e con gli altri. Gli elementi che costituiscono l'autostima sono:

- rispetto per se stessi;
- coerenza rispetto ai propri principi;
- valori e convinzione ;
- fiducia nelle proprie risorse e capacità;
- amor proprio;
- sicurezza;
- indipendenza dal consenso degli altri;
- accettazione di quello che si è.

Tutte queste definizioni potrebbero sembrare simili tra loro ma in realtà ognuna di esse ha una specifica importanza. Ricordate, però, di imparare a scindere l'autostima dai risultati che vengono o meno raggiunti. È necessario avere fiducia nel proprio valore anche quando si commettono degli errori. Inoltre le persone non crederanno in noi se noi per primi non abbiamo fiducia nelle nostre capacità.

Incremento della motivazione: fiducia in sé

L'acquisizione di fiducia in sé è la vera chiave della motivazione: se una persona ha fiducia in sé e in quello che è in grado di fare non solo è motivato, ma accresce le sue probabilità di avere successo. Se si cercherà solo nell'ambiente esterno di soddisfare i bisogni di sicurezza, di stima e di approvazione ci saranno dei limiti. In questo caso il senso d'identità personale sarà dipendente da fattori esterni di cui si avrà sempre bisogno per stare bene. Importante invece è iniziare a scoprire queste qualità dentro di noi.

Genetica e predisposizione innata o allenamento?

Quanto dell'approccio dell'atleta o dell'uomo di successo è predeterminato e quanto può essere sviluppato o modificato? Molte persone (forse la maggior parte) credono che siamo pre-formati e che nulla possa essere cambiato. Altre persone (una minoranza) credono che il cambiamento sia possibile e altre persone credono che, pur essendo possibile, non si debba interferire con esso. Io penso che sia possibile. Per ottenerlo ritengo che ci voglia tempo, costanza, determinazione e motivazione, supportati da consapevolezza e flessibilità mentale.

Penso inoltre che ogni uomo debba impegnarsi a migliorare continuamente rispettando le fasi della vita. D'altronde l'unica costante della vita è il *cambiamento*. Chiunque si fossilizzi sulla frase «io sono fatto così e non posso cambiare» abdica al libero arbitrio dell'essere umano e si allinea all'animale che vive incatenato all'istinto e agli stimoli privi di consapevolezza.

Spesso si dice che le persone dotate di qualche talento naturale semplicemente "ce l'hanno" come per magia. E di certo è così. Resta da chiedersi cosa possano fare tutti gli altri per migliorare se stessi. Potrebbe non essere possibile diventare per esempio come Schumacher, o Mozart o Robert De Niro, ma è comunque possibile diventare la vostra versione di essi.

In altre parole, è possibile modellare alcuni aspetti di ciò che fanno o facevano, e incorporarli nel vostro approccio e nella vostra identità.

SEGRETO n. 5: curate e sviluppate le capacità di recupero fisico, impegnatevi a mantenere un buono stato di salute con una corretta alimentazione, evitate gli eccessi ripetuti, imparate a rilassarvi, praticate costantemente attività motoria, imparate a prendervi delle pause e ritagliatevi spazi rigeneratori.

Utilizzare rituali e abitudini

Molti uomini di successo in ambito professionale, sportivo e relazionale hanno imparato e sviluppato rituali e abitudini. Attenzione: i *rituali* e le *superstizioni* non sono la stessa cosa. Le superstizioni sono basate su paure, luoghi comuni e sono acquisiste generalmente in maniera indiretta o generate da convinzioni. Devo dire comunque che le superstizioni positive possono risultare utili.

I rituali, invece, sono costruiti soggettivamente e funzionalmente. Sono studiati per essere usati ogni volta che è necessario e possono essere diversi, per diverse situazioni. Sono quasi sempre utili se ovviamente sono ben strutturati. Anche le abitudini possono avere una loro positività se ben utilizzate e se ovviamente sono consapevoli e positive.

Nel Mental training i rituali e le abitudini possono essere utilizzati per recuperare la concentrazione, per attivarsi o tranquillizzarsi. E funzionano, in quanto dopo essere stati ben "installati", segnalano al cervello una specifica reazione.

Sono come le ancore della PNL. I rituali possono essere sviluppati deliberatamente ma talvolta si sviluppano inconsciamente. Quando sono di origine inconscia, si continua a usarli perché funzionano anche se non siamo consapevoli di quello che stiamo facendo o del perché. Bisogna solo stare attenti a non illudersi che funzioni o che funzioni efficacemente.

Esempio. **Situazionc da gestire**: sono a disagio in mezzo alla gente in discoteca. **Rituale inconscio disfunzionale**: prendo un bicchiere in mano, bevo super alcolici, fumo una sigaretta e mi sento a mio agio raggiungendo uno stato di minor timidezza e insicurezza tramite un alto livello di tasso alcolico nel sangue.

Questo atteggiamento in effetti fornisce un risultato, ma a discapito della salute e magari anche della patente. Se non vi è consapevolezza degli effetti negativi e non si attua un'analisi attenta dei pro e dei contro, potrebbe essere che si veda solo la punta dell'iceberg e si tenda a ripetere questa azione sino a farla divenire un rituale inconscio.

Quando si decide di strutturare un rituale o un'abitudine funzionale si deve lavorare in modalità ecologica e salutistica. Un rituale o un'abitudine può essere una parola, un gesto, un suono, un'azione, un oggetto, una musica o qualsiasi segnale che sia stato provato e messo in pratica numerose volte.
Alcuni vantaggi derivanti dai rituali e dalle abitudini sono:

- rimanere calmi;
- creare e mantenere l'attenzione;
- concentrare e focalizzare l'attenzione;
- evitare distrazioni esterne;
- distogliere l'attenzione o annullare i pensieri negativi;
- entrare in sintonia e in empatia;
- attivarsi al meglio;
- concentrarsi su un'abilità specifica;

- concentrarsi su un momento specifico;
- caricarsi psicologicamente per attivarsi anche fisicamente;
- focalizzare l'attenzione su una parte specifica del corpo o su di un'attrezzatura o strumento;
- ottenere un rilassamento istantaneo;
- ottenere un recupero molto veloce.

Per utilizzare rituali e abitudini in modo efficace è necessario, come sempre, fare quanto segue:

- strutturarli al meglio in un ambiente neutro;
- ricorrere a essi regolarmente e allenarli con costanza;
- usarli quotidianamente;
- essere costanti e non scoraggiarsi;
- credere in se stessi;
- "giocare" con la vostra mente e siate creativi;
- non fare affidamento su di essi senza averli utilizzati e allenati bene.

Se non seguirete i suddetti elementi, probabilmente i vostri rituali funzioneranno poco. I rituali per essere efficaci è meglio che siano:

- brevi, semplici, immediati;
- controllabili e divertenti;
- utilizzabili quotidianamente;
- speciali per alcune situazioni molto importanti;
- "ecologici" e salutistici;
- che comprendano elementi cinestesici ed emozionali;
- che creino feedback positivi identificabili come: sentirsi bene, sentirsi a proprio agio, sentirsi equilibrati ed efficaci.

SEGRETO n. 6: quando utilizzate rituali, concentratevi principalmente su voi stessi e meno sui fattori esterni, siate il più possibile focalizzati ed evitate interferenze, concentratevi su ciò che potete veramente controllare e gestire, e agite con consapevolezza.

Posizioni percettive e dialogo interno nel Mental training

Le posizioni percettive sono i modi in cui percepiamo e osserviamo le situazioni. Esistono tre posizioni percettive:

- la prima posizione si ha quando guardiamo le cose solamente dal nostro punto di vista;
- la seconda posizione si ha quando siamo in grado di guardare

le cose dal punto di vista di un'altra persona;

- la terza posizione si ha quando s'interpreta il ruolo di un osservatore distaccato osservando noi stessi e gli altri.

Ogni posizione ha un effetto diversi su di noi:

- nella prima posizione vi è una maggior spinta all'aggressività;
- nella seconda posizione è probabile che l'aggressività diminuisca;
- nella terza posizione siamo ancora più distaccati e possiamo analizzare in modo più neutro e obiettivo.

Conseguire livelli di motivazione il più possibile costanti

La motivazione è un argomento complesso. Esistono motivatori professionisti. Secondo il mio punto di vista il motivatore crea una sorta di dipendenza. Mi spiego meglio. Un motivatore per motivare il proprio cliente deve essere *presente*. In caso di assenza del motivatore è molto probabile che il cliente non sia in grado di essere efficace.

Il mio lavoro di mental trainer è fornire strumenti per rendere efficace e indipendente il mio cliente permettendogli così, dopo il nostro percorso insieme, di essere libero di “camminare con le proprie gambe”. Per conseguire livelli di motivazione il più possibile costanti, ritengo sia necessario un percorso ben strutturato e finalizzato con feedback ben analizzati. Generalmente sono sufficienti una dozzina d’incontri al massimo.

Sovente leggo e studio testi che trattano l’argomento *mente*. Molte volte leggo che persone con forti problematiche, grandi fobie, paure antiche e limitanti con una sola sessione di un’ora hanno visto svanire le loro problematiche e hanno lasciato alle loro spalle anni di paure e di pensieri limitanti. Non sono qui per dirvi che non sia possibile, vorrei specificare che è possibile ma sono casi rari. Il fatto che qualche persona sia riuscita a “guarire” con un solo incontro di un’ora, dunque, non deve diventare una regola.

Ecco dunque che i tempi del Mental training non sono lunghi come quelli della psicoanalisi o di alcune forme di psicoterapia che richiedono anni, ma generalmente necessitano di una serie di incontri ben organizzati.

Affrontare le difficoltà con il Mental training

Problemi di salute, malattie, problemi sessuali, interventi chirurgici, delusioni, lutti, sfiducia, perdita di sicurezza, perdita della forma psicofisica, cambiamenti ecc. possono avere un impatto sulle performance e sulla nostra vita. Il concetto che alcune persone abbiano sempre una vita facile è di solito poco vero.

Credo anche che sia poco vero che esistano persone con un corredo genetico fortunato. A fare la differenza tra chi è ritenuto o si ritiene fortunato o sfortunato è la propria percezione della situazione, piuttosto che la situazione in sé. Infatti, è la percezione della situazione che determinerà il livello delle emozioni collegate alla situazione stessa. Un grande problema o difficoltà che generalmente crea potenti negatività è la *paura.* Oltre alle classiche paure del dolore, del cambiamento, di ciò che non si conosce, della malattia, della morte, del lutto ecc. ci sono due situazioni particolari che molti temono e di cui hanno paura. Esse sono:

- la paura del fallimento;
- la paura del successo.

Pochi ne sono però consapevoli. Generalmente queste due paure hanno il seguente effetto sulle persone.

Il fallimento = abbassamento dell'autostima

La paura del fallimento può causare un danno enorme all'autostima e può avere un impatto su altri aspetti della vita.

Il successo = innalzamento dell'aspettativa da parte degli altri e cambiamento

Indipendentemente dal tipo di paura però il risultato finale è lo stesso, l'abbassamento dei livelli della performance.

Un'altra paura che può presentarsi è quella di affrontare la perdita della forma psicofisica. Se accade, questo evento, può creare confusione e inquietudine mentale. Queste emozioni a loro volta creano tensione muscolare e incapacità di rilassarsi o di reagire efficacemente. In questo caso la cosa migliore è l'accettazione. Il Mental training comunica e insegna che è molto improbabile che si possa dare il meglio di sé in ogni momento. Questo porta già a una convivenza più ottimale con l'eventuale problema.

SEGRETO n. 7: una volta che un'idea è stata accettata permarrà nella nostra mente fino a quando non sarà stata sostituita da un'altra idea. Ogni idea alla quale si risponde in maniera positiva crea meno opposizione alla successiva.

Mental training e paure

Esistono paure *razionali* e *irrazionali.* Le paure razionali sono anche utili e ci aiutano allontanandoci da seri problemi e da conseguenze negative. Le paure irrazionali sono invece frutto dei nostri pensieri e non hanno alcuna pertinenza con la realtà. La paura irrazionale è come un mostro da noi inventato, dal quale siamo poi spaventati e perseguitati.

Non esistono limiti alla nostra fantasia, non esistono limiti alla nostra capacità di inventarci paure, tuttavia la paura irrazionale può essere da noi destrutturata e superata. Esempio: se nella mia mente evoco un serial killer e poi scappo questo pensiero mi perseguiterà spaventandomi a morte, ma se dopo averlo evocato non fuggo e lo "tocco", questo probabilmente svanirà.

Questa è la prima strategia consigliata: la desensibilizzazione sistemica e la destrutturazione. La seconda strategia che vi suggerisco è quella di allenarsi a immaginare le peggiori fantasie ingigantendo la paura di cui si soffre. Se ci si abitua a vivere le sensazioni di paura e si fa crescerle, si arriva al paradosso e la paura sparisce. Con il Mental training possiamo gestire le difficoltà e le paure irrazionali in modo efficace.

RIEPILOGO DEL CAPITOLO 2:

- SEGRETO n. 4: Migliorate i vostri comportamenti e gestite le questioni pratiche, valutando ed esaminando con attenzione il vostro ambiente, il vostro stile di vita, riconoscendo le vostre abilità, facendo scelte impegnative, ricercando e creando uno stile di vita equilibrato e salutare.
- SEGRETO n. 5: Curate e sviluppate le capacità di recupero fisico, impegnatevi a mantenere un buono stato di salute con una corretta alimentazione, evitate gli eccessi ripetuti, imparate a rilassarvi, praticate costantemente attività motoria, imparate a prendervi delle pause e ritagliatevi spazi rigeneratori.
- SEGRETO n. 6: Quando utilizzate rituali concentratevi principalmente su voi stessi e meno sui fattori esterni, siate il più possibile focalizzati ed evitate interferenze, concentratevi su ciò che voi potete veramente controllare e gestire, e agite con consapevolezza.
- SEGRETO n. 7: Una volta che un'idea è stata accettata permarrà nella nostra mente fino a quando non sarà stata sostituita da un'altra idea. Ogni idea alla quale si risponde in maniera positiva crea meno opposizione alla successiva.

CAPITOLO 3:
Le tecniche più efficaci del Mental training

Tecniche di Mental training

Il programma di Mental Training che utilizzo si avvale delle seguenti tecniche:

- goal setting: stabilire obiettivi e formularli;
- imagery: visualizzazione;
- tecniche di rilassamento e gestione dello stress;
- gestione dell'arousal o attivazione;
- ipnosi;
- ABC cognitivo;
- timeline;
- self talk;
- gestione delle emozioni;
- pensiero positivo.

Goal setting: stabilire e formulare gli obiettivi

Una delle caratteristiche principali che distingue le persone che hanno generalmente successo, che riescono nei loro propositi, e si percepiscono soddisfatte, da coloro che non riescono ad assecondare efficacemente le proprie scelte quotidiane nonostante la volontà e l'impegno, è la presenza di obiettivi ben scelti, chiari ed espressi correttamente.

Ecco quindi il *goal setting*, cioè la formulazione e programmazione degli obiettivi. Per raggiungere dei risultati non si può procedere a caso. È necessario pianificare il lavoro e i tempi necessari per raggiungere degli obiettivi specifici, adatti alle proprie esigenze, ai propri ritmi e ai propri impegni. Molte volte le persone non definiscono accuratamente un adeguato programma degli obiettivi da raggiungere e questa scarsa capacità di pianificare può compromettere il raggiungimento di ciò che si desidera perseguire.

Gli obiettivi devono essere suddivisi in sotto-obiettivi a breve, medio e lungo termine. Devono essere raggiungibili, ecologici e mirati al miglioramento graduale della prestazione più che al risultato. Una volta stabilito un obiettivo ogni decisione deve essere ad esso allineata per avere maggiori probabilità che azioni e comportamenti ci avvicinino alla meta anziché allontanarcene. Riflettere sui propri obiettivi rappresenta un modo per considerare i possibili risultati positivi.

Inoltre, si inibiscono le modalità pessimistiche automatiche di chi ha una bassa fiducia in sé con tendenza a concentrarsi sulle possibili sconfitte. Infine, così facendo, si evita di disperdere energie, demotivandosi e programmandosi per l'insuccesso. Consiglio sovente di organizzare e classificare gli obiettivi per aree. Una volta fatto questo elenco distinguete le categorie principali e le loro specificità. In questo modo potrete individuare gli aspetti ritenuti più importanti per voi tralasciando quelli che riterrete meno importanti. Ecco un esempio di tipologie di obiettivi. Potrebbero essercene altri. Io vi ho descritto quelli più utilizzati nel Mental training:

- area obiettivi lavorativi;
- area obiettivi scolastici;
- area obiettivi sportivi
- area obiettivi spirituali;
- area obiettivi culturali;
- area obiettivi fisici;

- area obiettivi salutistici o di salute;
- area obiettivi estetici;
- area obiettivi economici/finanziari;
- area obiettivi di svago, divertimento e viaggi.

Il *goal setting* può essere adottato in ogni settore della vita, sia che si proceda da soli o sotto la guida di un professionista esperto del settore. Secondo il mio punto di vista la cosa migliore è unire le due possibilità. Vi spiego ora il perché del mio punto di vista.

Se una persona decide e desidera dimagrire potrà chiedere la consulenza di un dietologo o di un nutrizionista ma prima dovrebbe aver stabilito un programma ragionevole dei propri obiettivi fisici interconnessi a quelli di natura familiare, lavorativa o di studio.

In tal modo si giungerà con idee più chiare dal professionista alimentare, in modo da poter concordare un programma che vada bene in funzione delle esigenze e delle ambizioni personali ora chiare e ben articolate. Oppure è possibile rivolgersi a un Mental trainer, *life* o *wellness coach* o altre figure analoghe per essere guidati nella creazione dettagliata degli obiettivi.

I cinque elementi fondamentali del goal setting e gli errori da evitare

Nel programmare gli obiettivi ci sono cinque caratteristiche fondamentali che devono essere rispettate al fine di evitare di incorrere in quelli che possono essere anche definiti i "cinque errori capitali" del goal setting. Le qualità necessarie di ogni obiettivo vengono ricordate dai professionisti ed espresse in modo sintetico attraverso l'utilizzo dell'acronimo S.M.A.R.T. Questo acronimo racchiude le cinque caratteristiche basilari di un obiettivo. Analizziamole insieme.

La *S* sta per *specific* (specifico). Un obiettivo deve essere specifico proprio perché è indispensabile sapere dettagliatamente cosa si vuole, altrimenti si rischia di fare scelte sbagliate, anche se sembriamo avvicinarci all'obiettivo. Con una metafora, la selezione di obiettivi specifici viene spesso paragonata a un preciso ordine fatto a un tassista. Se si specifica la via e il numero civico dove si desidera essere portati si corrono meno rischi di essere lasciati in luoghi che non corrispondono alle nostre esigenze. Infatti, un obiettivo generico può far attivare strade sbagliate o disperdere energie inutili. Un obiettivo specifico deve precisare specifiche azioni o eventi dettagliati che si desidera si manifestino. Un esempio di obiettivo generico e poco efficace è: «Desidero dimagrire» mentre un obiettivo specifico ed efficace è: «Desidero perdere tre chili».

La consonante *M* sta per *measurable* (misurabile). Questo elemento ricorda la necessità di poter verificare i miglioramenti e i benefici periodicamente, in modo tale da poter monitorare quanto ci si sta avvicinando al proprio obiettivo. In alcuni casi è semplice la valutazione, in altri un po' meno. Nei casi in cui non si tratti di numeri (denaro, chili ecc.) suggerisco per valutare i propri miglioramenti di adottare la *scala Likert*. La scala Likert comprende intervalli da zero (0) a dieci (10). Il numero zero rappresenta l'assenza di qualcosa che s'intende ottenere e il numero dieci rappresenta la sua piena presenza. Esempio: se si intende raggiungere una diminuzione di peso la misurazione si potrà esprimere in chili o in centimetri misurati, e in questo caso è piuttosto semplice misurare i miglioramenti. Se invece ci si pone come obiettivo il miglioramento dell'accettazione del proprio corpo o miglioramenti caratteriali, torna utile una scala Likert. Se più misurazioni periodiche di un obiettivo tenderanno a evidenziare la presenza di risultati diversi da quelli attesi, vi consiglio un'attenta revisione degli obiettivi e un adattamento alle nuove condizioni.

La *A* sta per *attainable/achievable* (ottenibile o raggiungibile). Indica l'importanza di stabilire obiettivi che siano ritenuti accessibili e attraenti dalla persona. È necessario, infatti, per intraprende un percorso di goal setting, che la persona senta e desideri davvero di volersi impegnare per arrivare alla meta, e che questa meta sia motivante e stimolante. Mi rivolgo ora a chi utilizza il Mental training come professione.

Ricordatevi che questi elementi sono fondamentali, sia che si stia lavorando con una singola persona che con un gruppo. È sempre necessario ottenere il consenso profondo della persona o del gruppo che state guidando per raggiungere un obiettivo.

La *R* sta per *realistic* (realistico). Indica l'importanza di identificare obiettivi "possibili", cioè relativamente facili, ma non troppo, onde evitare che risultino banali e scontati. Come sempre questi obiettivi vanno scelti tenendo conto delle risorse attuali dell'individuo e di ciò che è necessario fare per raggiungere la meta. Per capire se un obiettivo è realistico, occorre avere le idee chiare nei minimi dettagli riguardo a cosa è necessario fare per raggiungerlo. Inoltre è importante comprendere se si è in condizioni di arrivarci sia in termini di disponibilità che di capacità.

La *T* sta per *time phased/time based* (temporalmente scandito/basato). Questo ultimo elemento indica l'importanza legata al fattore *tempo*. Infatti, per un buon goal setting occorre stabilire una scadenza entro cui raggiungere l'obiettivo con eventuali tappe intermedie ben definite. Ecco perché si distinguono e si creano obiettivi a breve termine, obiettivi a medio termine e obiettivi a lungo termine. Generalmente, ma non è una regola aurea assoluta, gli obiettivi a breve termine si decide di raggiungerli entro uno o due mesi, gli obiettivi a medio termine entro tre/sei mesi e gli obiettivi a lungo termine entro un anno o poco più. Durante la mia continua e costante ricerca ho scoperto che recentemente la sigla S.M.A.R.T. è stata ulteriormente ampliata ed è possibile ora avere una descrizione delle qualità ottimali degli obiettivi con la sigla S.M.A.R.T.E.R. ritenuta ancora più completa.

La *E* sta per *exciting* (eccitante). L'elemento *E* indica e sottolinea che l'obiettivo deve suscitare eccitazione ed entusiasmo. Le caratteristiche di eccitazione ed entusiasmo per l'obiettivo è necessario che sussistano sia quando lo si immagina come se fosse reale, sia quando si visualizza la sua possibilità di realizzazione, sia quando viene conseguito concretamente. Questa motivazione spiega e supporta ancora di più l'utilizzo dell'imagery, o visualizzazione.

Come ho sempre sostenuto, uno degli elementi base per massimizzare i benefici e la qualità dei risultati in un percorso di mental training e goal setting, una delle tecniche fondamentali per scegliere, consolidare, perfezionare, alimentare e sostenere la motivazione degli obiettivi è l'*imagery*.

La *R* sta per *recorded* (registrato). L'elemento *R* indica e sottolinea che l'impegno a raggiungere un obiettivo sia formulato in forma scritta e opportunamente annotato/registrato. La persona che decide di intraprendere un percorso di Mental training e desidera utilizzare il goal setting è importante che sottoscriva un “contratto” vero e proprio con se stesso, trasmutando gli obiettivi da forma, pensiero e immagini in un impegno leggibile.

Suggerisco inoltre di tenere un diario su cui aggiornare quotidianamente gli sviluppi al fine di avere chiara la situazione, mantenere alta la motivazione, solida e forte la promessa. L’elemento *R* è giustamente ritenuto la chiave di distinzione tra un obiettivo e un sogno. Entrambe le cose sono importanti ma il sogno è “vivo” sul piano astratto e mentale. Se rimanesse solamente su tale piano non sarebbe sufficiente.

Per poter diventare un obiettivo concreto, è necessario che sia presente anche sul piano fisico attraverso la stesura di un “contratto” scritto. Questo elemento servirà infine a trasformare l’idea in vera e propria azione.

SEGRETO n. 8: gli obiettivi sono elementi determinanti per arrivare il più vicino a dove si desidera. Lavorate sugli obiettivi in maniera continuativa e ricordatevi di monitorarli

con costanza. Infine siate flessibili e in caso di necessità sappiate modificare la vostra traiettoria.

Imagery: visualizzazione (abilità e capacità immaginativa)

In un percorso di Mental training le persone vengono progressivamente allenate alla rappresentazione mentale di immagini visive. La mente formula pensieri sia sotto forma di parole che di immagini. Visualizzare significa vedere un'immagine con l'occhio della mente. Sovente, quando parlo di visualizzazione, le persone mi dicono che è una cosa strana, difficile, che non sono in grado di fare.

Davanti a queste affermazioni rispondo con semplicità che in realtà ogni persona ogni giorno visualizza senza esserne consapevole e cosciente. Ogni giorno quando pensiamo a cosa fare, a dove andare, a che vestiti indossare, a che strada percorrere, a che persone vedremo, a cosa cucineremo, alle spese che dobbiamo sostenere ecc., nella nostra mente si manifestano immagini più o meno chiare di ogni situazione sopradescritta.

Nella vita quotidiana possiamo vedere le cose in maniera chiara e distinta. Con la mente siamo in grado di vedere comunque immagini, anche se generalmente le vediamo meno nitide. Inoltre, visualizzare può essere inteso anche come avere un'idea anziché un'immagine ben definita. Spesso le persone non riescono a visualizzare immagini nitide come quando vediamo l'ambiente con gli occhi. Questo porta quindi le persone a pensare di non saper visualizzare e di non farlo durante la giornata.

Ma come abbiamo visto, questo è un errore. Per rendere la visualizzazione più efficace si cerca di introdurre stimoli immaginativi che coinvolgano tutti i sensi (canale visivo, uditivo, olfattivo ecc.). In questo modo si cerca di favorire un maggiore coinvolgimento emozionale e cognitivo da parte del soggetto. La tecnica dell'imagery (visualizzazione) spesso è preceduta da una breve seduta di rilassamento e viene anche utilizzata prima di un evento importante come momento di concentrazione e di visualizzazione del percorso di Mental training. Come lo sportivo prima di una gara ripercorre con la mente tutte le azioni che deve compiere in modo da aumentare la concentrazione e rendere automatico ogni movimento, così anche chi deve affrontare un esame o deve tenere una conferenza, può "allenarsi" mentalmente non solo ripetendo il proprio discorso, ma anche cercando di visualizzare le persone che avrà di fronte e l'ambiente in cui si troverà.

Tecniche di rilassamento e gestione dello stress

Nel Mental training vengono utilizzate numerose tecniche di rilassamento. Personalmente ne conoscono molte e, in base al cliente che ho davanti, scelgo quella che ritengo più idonea. Le tecniche che maggiormente utilizzo sono il *training autogeno*, il *rilassamento progressivo* di Jacobson, l'*ipnorilassamento*, la *meditazione* e la *respirazione*.

Le tecniche di rilassamento sono molto importanti in un percorso di Mental training e vengono utilizzate per prendere consapevolezza del proprio corpo, gestire la tensione muscolare a riposo e in attività, gestire situazioni ansiogene e stressanti e sono preparatorie a qualsiasi attività immaginativa e di visualizzazione. Vi ricordo che l'agitazione non aiuta al raggiungimento di un buon risultato. Nel Mental training insegno a controllare il proprio corpo gestendo la tensione muscolare e gli stati d'ansia, anche tramite tecniche di yoga, tecniche corporee e tecniche di respirazione. Se desiderate approfondire gli argomenti di tecniche corporee e tecniche di respirazione, postura e relazione tra corpo e mente potete acquistare il mio corso *Il Corpo e la Mente*.

SEGRETO n. 9: sviluppate la vostre capacità di recupero psichico, riconoscendo e limitando i fattori mentali che scatenano lo stress, eliminando i pensieri e il dialogo interno negativo ed essendo socievoli e propositivi.

Gestione dell'arousal o attivazione

Con il termine *arousal* in psicofisiologia s'intende l'intensità dell'attivazione fisiologica e comportamentale dell'organismo. Quando un organismo deve effettuare una qualsiasi prestazione, deve attivarsi. Per farlo deve mettere in moto una serie di processi caratteristici dell'arousal quali: aumento della vigilanza, dell'attenzione e della concentrazione, attività dei muscoli che si preparano al movimento, aumento della frequenza cardiaca e respiratoria, poiché ovviamente ci si prepara al dispendio di energia. Per raggiungere e mantenere un livello ottimale di attivazione psicofisica è importante gestire l'arousal in ogni circostanza. Con il Mental training alleno le persone alla gestione dell'arousal, con tecniche di attivazione o disattivazione psicofisiologica secondo le esigenze.

Self talk

L'argomento *self talk* è a me molto caro e credo che sia un cardine del nostro benessere psicofisico. Il self talk letteralmente significa *dialogo interno* o *dialogo con se stessi*. Infatti, quando si parla di self talk ci si riferisce al dialogo che si svolge dentro la nostra testa di fronte a qualsiasi situazione di vita, dalle sfide ai conflitti, alle preoccupazioni, dalle sorprese alla gioia alla felicità ecc. Il self talk è il commento che esiste e si presenta parallelamente a tutto quello che facciamo, e la cosa importante è che la mente non lascia mai passare nulla senza qualche osservazione, commento, valutazione o giudizio. Quello che desidero che sappiate, e che insegno nei percorsi di Mental training, è che le parole non sono solo parole. Ciò che ci diciamo, le espressioni che usiamo nella nostra mente, sono la differenza che fa la differenza. È fondamentale scegliere le parole potenzianti ed eliminare le parole limitanti. È fondamentale avere con noi stessi un colloquio potenziante e stimolante anziché uno negativo. Le parole nella nostra mente hanno un effetto sulla realtà, sulle nostre sensazioni, emozioni, percezioni e azioni consequenziali.

In molte culture si pone molta attenzione a ciò che si pensa e a ciò che si comunica fino ad arrivare a non menzionare la malattia ma solo a indicare la parte del corpo ammalata su un'immagine o un pupazzo, onde evitare di alimentare, con il pensiero e le parole, il problema. Diventare consapevoli del proprio self talk è il primo passo da fare per evitare molto di stress inutile.

Gestendo e scegliendo il nostro dialogo interiore possiamo evitare che una raffica costante di pensieri negativi, giudizi e valutazioni possano farci sentire stressati permettendoci così di essere in grado di affrontare le sfide della vita al meglio. Il self talk è generalmente frutto di ciò che ci è stato insegnato e di ciò che abbiamo sentito o che abbiamo cominciato a credere per la maggior parte della nostra vita. Frasi come: «Chi ti credi di essere», «Non sono abbastanza intelligente», «Sono fatto male», «Sono sbagliato», «Non ho mai concluso nulla», «Sono un fallito», «Non ce la farò mai», «Questo è troppo difficile», «Cambiare è impossibile», «Sono debole», «Perdo sempre»,

«Sono sfortunato» ecc. sono da evitare e modificare. Queste frasi e idee negative su noi stessi potrebbero essersi formate inizialmente dai ragionamenti che abbiamo sentito dai nostri genitori, insegnanti o da qualcuno che aveva su di noi un ruolo autoritario, o sono state reazioni e decisioni prese in funzione a qualche altro evento.

Il problema è che poi queste affermazioni crescono, si radicano e da adulti si attaccano alla nostra personalità come se stessero vivendo dentro la nostra testa. Nel percorso di Mental training faccio compiere quattro passi. Il primo è comprendere l'inefficacia di un self talk negativo. Il secondo è divenire consapevoli del proprio self talk disfunzionale. Il terzo è destrutturarlo e il quarto è ristrutturarlo in modalità funzionale ed efficace.

SEGRETO n. 10: le parole non sono solo parole. Le parole possono curare o fare ammalare, le parole possono far star bene o far stare male. Fate attenzione alle parole che usate con voi stessi e con le persone.

ABC cognitivo

L'*ABC cognitivo* viene anche definito ABC comportamentale e ABC delle emozioni. Analizziamo le componenti dell'**ABC:**

- **A** sta per *Antecedente*;
- **B** sta per *Convinzione*;
- **C** sta per *Conseguenze* emotive e comportamentali.

Lo schema **ABC** riassume le tre componenti del comportamento. Come abbiamo detto **A** indica l'antecedente, lo stimolo, l'elemento che attiva; **B** indica il comportamento, le nostre azioni/reazioni; e **C** indica le conseguenze e gli eventuali rinforzi.

Nel Mental training ci si concentra molto nell'analisi del comportamento. Quest'analisi consiste in una valutazione dettagliata degli antecedenti (A) e delle conseguenze (C) di un comportamento disturbante (B). Una volta analizzati questi elementi si pone l'attenzione e si struttura un percorso che abbia come finalità la modifica dell'ABC. Infatti, la modifica degli antecedenti e delle conseguenze comporterà una modifica del comportamento. Nel mio lavoro di Mental trainer utilizzo il sistema ABC creando un cartellone con grandi fogli. A ogni foglio corrisponde un elemento e delle domande con le quali faccio riflettere il cliente con l'obiettivo di modificare i suoi comportamenti disfunzionali. Il cartellone dell'ABC consiste in questo schema riassuntivo

Cartellone dell'ABC

- Primo foglio. Domande: dove sono, cosa faccio?
- Secondo foglio. Domande: cosa penso?
- Terzo foglio. Domande: cosa provo?
- Quarto foglio. Domande: come mi comporto?
- Quinto foglio. Riflessioni.

L'analisi cognitiva consiste nella valutazione dettagliata dei pensieri automatici, degli assunti e delle convinzioni (B) che si frappongono tra un evento (A) e delle conseguenze emotive e comportamentali disturbate (C). La modifica delle convinzioni profonde genera la modifica degli assunti e dei pensieri automatici, con conseguente cambiamento del comportamento e delle emozioni. Ad esempio, supponete semplicemente di stare aspettando a casa vostra la visita di un caro amico. Eravate d'accordo che sarebbe arrivato alle ore 20.00. Sono già le 20.30 e l'amico non arriva. Il tempo continua a passare e lui non arriva e non ci sono novità. Come potreste reagire a questa situazione?

Potreste essere preoccupati, infastiditi, arrabbiati, tristi, ansiosi o per assurdo potreste anche essere contenti o sollevati. Ogni persona potrebbe provare questi e altri stati d'animo. Com'è possibile però provare emozioni così diverse per una medesima situazione? Esaminiamo bene tutta la sequenza. Il fatto che l'amico non sia arrivato all'ora prefissata è l'evento iniziale o attivante la sequenza.

Denominiamo questo evento come il punto A della sequenza. La preoccupazione è una delle emozioni possibili che si potrebbero provare come conseguenza di A. Denominiamo l'emozione della preoccupazione il punto C della sequenza. La maggior parte delle persone direbbero e sarebbero convinte che l'evento A abbia scatenato l'emozione C, cioè: A causa C. La seguente affermazione è il modo con cui generalmente si tende a spiegare le proprie emozioni: «Mi sono preoccupato, perché non è venuto all'appuntamento!» Peccato che per quanto possa sembrare corretto questo metodo è piuttosto impreciso.

La sua imprecisione è data dal fatto che questa spiegazione non chiarisce come sia possibile provare diverse emozioni in presenza di situazioni uguali. Il motivo è che un elemento importante della sequenza è la soggettività. Ogni persona percepisce una situazione con il proprio modo di filtrare la realtà. Infatti, quando ci accade qualcosa, ogni persona reagisce e pensa a quanto accade in un certo modo. Tornando all'esempio di prima, guardate alcune possibilità che potrebbero verificarsi in base alla soggettività.

L'amico non arriva e ci rattristiamo perché si potrebbe pensare: «Si è dimenticato di venire, non sono importante per lui». Oppure come visto ci si potrebbe preoccupare: «Come mai non viene, sarà successo qualcosa?». Oppure ci si potrebbe arrabbiare se si pensasse: «Non è così che si fa, è un maleducato!». Si potrebbe perfino essere contenti se alla mancata comparsa (evento A) pensassimo: «Meno male che non è venuto. Oggi non avevo proprio voglia di vederlo». La sequenza è quindi così articolata: il punto A è l'evento scatenate, il punto C sono le emozioni consequenziali mentre B sono i pensieri attivatori e soggettivi. Con i miei clienti lavoro al fine di far capire le reazioni emotive, e per farlo faccio comprendere che è necessario andare a vedere cosa è successo al punto B iniziando a chiedersi quale insieme di pensieri su ciò che è successo è presente nella propria mente.

L'ABC cognitivo diventa così un modo più preciso di spiegare le emozioni che proviamo in un dato momento proprio perché l'assioma del cognitivismo è che le nostre emozioni derivano non tanto da ciò che ci accade, ma dal modo in cui noi interpretiamo e valutiamo ciò che ci accade.

Timeline

Ritengo la tecnica della timeline utile per risolvere e gestire una vasta gamma di problematiche. È inoltre efficace per il miglioramento personale e in un percorso di Mental training la uso spesso. Il termine *timeline* significa *linea del tempo* ed è una metafora con la quale una persona può riorganizzare le sue memorie e come conseguenza modificare il suo modo di agire nel presente. Con la tecnica della timeline è possibile mettere a fuoco il nostro modo di vedere il trascorrere della vita, prenderne consapevolezza e intervenire su di essa al fine di vivere meglio i ricordi del passato e costruirsi il futuro desiderato.

È uno strumento che guida le persone a effettuare cambiamenti nel modo di percepire se stessi e il mondo. La sua efficacia risiede nel poter proiettare le persone in un futuro ipotetico, facendo vivere loro anticipatamente delle possibili situazioni positive e funzionali. È possibile riportare le persone anche ai momenti passati per ristrutturarli in maniera opportuna e per vivere bene nel tempo presente. Sovente ho sentito dire frasi del tipo: «Acqua passata non macina più», «Ho lasciato il passato alle mie spalle», «Il passato è passato» oppure «Ora mi concentro sul futuro», «L'importante è andare avanti», «Avanti a me vedo un futuro positivo».

Queste frasi sono significative e hanno il potere e la forza di collocare nello spazio qualcosa che esiste solo nella mente. La tecnica timeline funziona, ma come ogni tecnica funziona solo se il soggetto vuole effettivamente cambiare e lasciare lo stato d'animo negativo. La prima cosa che faccio è ricavare la linea del tempo rendendola visibile al cliente. Dopo questa prima fase faccio collocare le immagini relative ai vari momenti della sua vita fino a costruire una linea che unisca gli eventi passati, presenti, e futuri.

Con la timeline posso aiutare i miei clienti a far sbiadire un brutto ricordo, posso far trarre loro un elemento utile da un evento da dimenticare, o li posso liberare da catene pesanti e ricordi negativi. Ogni volta che le faccio viaggiare sulla linea del tempo con sensazioni piacevoli, le persone ritornano al presente e vedono un futuro più motivante.

SEGRETO n. 11: il tempo è un arcano mistero. Di tre cose però si è certi. Il passato è passato ed è ormai storia. Il futuro è ignoto, non vi sono certezze. Il tempo presente è una certezza, ed è lo strumento che ci permette di costruire il futuro in base anche alle esperienze del passato.

Mental training e l'ipnosi: autoipnosi

In molti anni di sessioni individuali e di gruppo ho riscontrato che una delle tecniche più potenti a nostra disposizione è l'ipnosi. Studio e applico l'ipnosi da otto anni e ho appreso molte tecniche. All'inizio di una sessione Mental training basata sull'ipnosi si comunica che durante la seduta si farà qualcosa di completamente nuovo, che gli esercizi proposti potenzialmente saranno in grado di recare benefici, che quando si sperimentano gli elementi dell'ipnosi si può rimanere sorpresi e che il risultato finale sarà una piacevole sensazione di benessere.

Gli esercizi proposti quasi sicuramente forniranno piacere se verranno affrontati con disponibilità e collaborazione. Durante la sessione d'ipnosi viene ripetutamente ricordato che quanto si otterrà dall'incontro dipende dal livello di focalizzazione della coscienza e dalla qualità dello stato di coscienza.

Specifico che per *focalizzazione della coscienza* s'intende il livello di concentrazione/attenzione che si riesce a mantenere durante la sessione mentre per qualità s'intende la capacità di utilizzare una consapevolezza interna che impedisca di trasformare la concentrazione in uno sforzo mentale.

Ci sono molte definizione di ipnosi, vi riporto quelle che condivido maggiormente:

- l'ipnosi è uno stato di coscienza in cui le naturali facoltà logico-analitiche sono sufficientemente ridotte da consentire di utilizzare i livelli più profondi del subconscio per il benessere dell'individuo;

- la *trance* ipnotica è uno stato di "concentrazione focalizzata" in cui la persona non è né sveglia né del tutto addormentata;
- l'ipnosi è uno stato di massima attivazione della mente;
- l'ipnosi è uno stato alternativo di coscienza;
- l'ipnosi è un'espansione delle coscienza;
- l'ipnosi è una condizione particolare di funzionamento dell'individuo che gli consente di influire sulle proprie condizioni fisiche psichiche e di comportamento;
- l'ipnosi è quell'insieme di tecniche, procedure e fenomeni che possono metterci in contatto con le nostre dimensioni più profonde;
- l'ipnosi è un fenomeno psicosomatico;
- l'ipnosi è la manifestazione plastica dell'immaginazione creativa;
- l'ipnosi è uno stato della mente in cui viene bypassata la facoltà critica dell'essere umano e viene instaurato il pensiero selettivo;
- l'ipnosi è uno stato speciale di consapevolezza caratterizzato dalla ricettività verso le idee;
- l'ipnosi è l'arte di presentare idee direttamente alla mente inconscia ricettiva;

- l'ipnosi è la nostra abilità nel convincere noi stessi di ogni convinzione. L'ipnosi è un metodo sicuro e dimostrato per aiutare le persone a migliorare la loro salute e il loro benessere e usandolo ho sempre avuto risultati positivi. Ritengo giusto e doveroso ricordare che, nonostante la pubblicità sfarzosa che promette risultati immediati e veloci, l'ipnosi non è una tecnica magica anche se spesso produce risultati sorprendenti.

Utilizzo l'ipnosi nel Mental training con l'obiettivo di:

- rilassare e ritrovare un equilibrio emotivo;
- superare le paure;
- abbandonare pensieri ricorrenti;
- superare dei traumi;
- controllare il dolore fisico;
- migliorare la memoria e le capacità di concentrazione;
- migliorare l'autostima;
- destrutturate comportamenti inefficaci;
- aumentare le proprie capacità intuitive;
- cercare risposte inconsce a dilemmi personali;
- migliorare le proprie relazioni con gli altri;
- aumentare le proprie difese immunitarie.

L'argomento ipnosi è vastissimo, a mio avviso interessantissimo, ma concludo questa breve parentesi comunicandovi che l'ipnosi può agire su tutto ciò che vi ho comunicato ma anche su molto altro ancora e le sue applicazioni sono veramente efficaci anche in campo psicoterapeutico e medico.

SEGRETO n. 12: per una buona ipnosi è indispensabile creare lo stimolo nei momenti di picco dello stato emozionale. È necessario ripetere lo stimolo sovente per poter creare una sorta di percorso neurologico che conduca direttamente in una direzione.

Pensiero positivo

Il metodo del *pensiero positivo* lo trovo semplice da imparare e facile da utilizzare in autonomia. Spesso si banalizza il pensiero positivo relegandolo a una semplice e banale visione ottimistica della vita. Questa è una conoscenza superficiale e scorretta. Desidero fare chiarezza e specificare che il pensiero positivo non consista nell'incoraggiare a credere che la vita sia "tutta rose e fiori".

Il pensiero positivo è un metodo che infonde coraggio, fiducia, autostima e porta le persone a credere maggiormente in se stesse. Nel Mental training utilizzo il pensiero positivo per aiutare le persone ad affrontare problemi con approcci nuovi e utili costruendo rappresentazioni mentali (pensiero) e atteggiamenti favorevoli con sicurezza di sé (positivo).

Questo metodo è molto efficace se viene utilizzato quotidianamente e anche in questo caso desidero ricordare che i problemi non svaniranno come per magia o che si è legittimati a fare quello che si vuole senza tenere conto degli altri, ma si potrà acquisire maggior coscienza e padronanza di se stessi, piacersi e accettarsi di più preoccupandosi di meno. Anche il pensiero positivo lavora come l'ipnosi sul subconscio e con le sue tecniche rieduca il subconscio ad affrontare vecchi problemi con nuove strategie. Gli elementi base su cui poggia il pensiero positivo e che personalmente utilizzo nel percorso Mental training da me strutturato sono:

- Evitare di utilizzare parole e frasi negative.

  Esempio scorretto di frase negativa: «**Non ho più paura di andare in ascensore**».

Esempio corretto di frase positiva: «**Sono in grado di andare in ascensore**».

- Utilizzare le affermazioni con costanza.
- Utilizzare parole con forti cariche positive ed emotive. Esempio: stupendo – meraviglioso – completamente – fantastico – dolcemente.
- Utilizzare affermazioni al presente.

  Esempio di frase con tempo scorretto: «**Farò un ottimo colloquio di lavoro**».

  Esempio di frase con tempo al presente corretto: «**Faccio un ottimo colloquio di lavoro**».

Ricordatevi che nel subconscio esiste il letteralismo quindi se parlate di qualcosa al futuro questa cosa avverrà nel futuro; invece noi dobbiamo sentirci sicuri adesso:

- utilizzare un linguaggio abilmente e volutamente vago;
- utilizzare le immagini positive;
- utilizzare affermazioni che descrivono situazioni ideali;
- utilizzare affermazioni positive che sentite e verificate siano corrette per voi;
- utilizzare affermazioni congruenti alla realtà evitando di farvi

false promesse.

RIEPILOGO DEL CAPITOLO 3:

- SEGRETO n. 8: Gli obiettivi sono elementi determinanti per arrivare più vicino a dove si desidera. Lavorate sugli obiettivi in maniera continuativa e ricordatevi di monitorarli con costanza. Infine siate flessibili e in caso di necessità sappiate modificare la vostra traiettoria.
- SEGRETO n. 9: Sviluppate la vostre capacità di recupero psichico, riconoscendo e limitando i fattori mentali che scatenano lo stress, eliminando i pensieri e il dialogo interno negativo ed essendo socievoli e propositivi.
- SEGRETO n. 10: Le parole non sono solo parole. Le parole possono curare o far ammalare, le parole possono far star bene o far stare male. Fate attenzione alle parole che usate con voi stessi e con le persone.
- SEGRETO n. 11: Il tempo è un arcano mistero. Di tre cose però si è certi. Il passato è passato ed è ormai storia. Il futuro è ignoto, non vi sono certezze. Il tempo presente è una certezza, ed è lo strumento che ci permette di costruire il futuro in base anche alle esperienze del passato.
- SEGRETO n. 12: Per una buona ipnosi è indispensabile creare lo stimolo nei momenti di picco dello stato emozionale. È

necessario ripetere lo stimolo sovente per poter creare una sorta di percorso neurologico che conduca direttamente in una direzione.

CAPITOLO 4:
Gli esercizi e gli strumenti per la prestazione d'eccellenza

Mental training e tecnologia

Il Mental training si avvale come abbiamo visto di moltissime tecniche, ma negli ultimi tempi alcuni strumenti tecnologici vengono affiancati alle tecniche mentali con risultati veramente efficaci.

Sovente mi appoggio anche alla tecnologia e da qualche tempo ho scelto di inserire nel percorso di Mental training un nuovo apparecchio che lavora con l'utilizzo delle frequenze e con il principio della biorisonanza, con risultati di rilievo. Il riequilibratore frequenziale VR7-729 è un metodo non invasivo e indolore per il riequilibrio delle funzioni neuronali stimolate da campi elettromagnetici a bassa intensità e a bassa frequenza, utile per contribuire alle tecniche precedentemente spiegate per ottenere risultati talvolta ancora più efficaci e duraturi.

Durante le sessioni tradizionali o in sessioni parallele inserisco l'utilizzo di questo apparecchio che consiste semplicemente in una fascia da fissare con uno strip intorno al capo. Questa fascia contiene quattro bobine posizionate nella zona del lobo temporale e occipitale, che vengono stimolate simultaneamente con campi elettromagnetici grazie a onde quadre e/o triangolari, a frequenze specifiche (0,1-15 Hz).

Queste onde contribuiscono a far ritrovare il giusto equilibrio psicofisico. La terapia informazionale VR7-729 funziona utilizzando un principio terapeutico antichissimo che ha il seguente obiettivo: l'organismo viene messo in risonanza con se stesso e con tutti i suoi problemi e viene stimolato con frequenze specifiche per occuparsi dei suoi molti carichi. Questo antico presupposto è oggi dimostrato e rinforzato da ricerche scientifiche che hanno scoperto che l'azione terapeutica di un rimedio rappresenta un'informazione vibrazionale elettromagnetica, e può essere trasmessa elettronicamente, quindi in modo non materiale.

Vi do velocemente una definizione di *biorisonanza.* La biorisonanza è la scienza che regola gli esseri viventi mediante le onde elettromagnetiche ed è un metodo "terapeutico" energetico basato sulla biofisica della meccanica quantistica. La biorisonanza magnetica è l'effetto dell'emissione, da parte di un campo magnetico artificialmente riprodotto, di onde elettromagnetiche che sono risonanti con le stesse onde prodotte dalle cellule del corpo umano. È come un normale segnale radio che la cellula è in grado di decodificare, per rispondere e reagire in modo adeguato per il solo fatto di essere tra loro coerenti.

Il corpo umano è un insieme energetico elettromagnetico in cui le singole parti vibrano in un tutto armonico, pur conservando la propria identità energetica. Altro elemento di notevole interesse è che ogni organo ha una propria vibrazione, che informa specifiche zone del cervello.

Come arriva a destinazione l'informazione frequenziale?

La differenziazione delle frequenze soddisfa un principio funzionale: l'instradamento entro conduttori giusti di correnti giuste. Le frequenze sanno trovare bene la loro strada dirigendosi verso il punto giusto senza mai disturbarsi a vicenda lungo il tragitto. Il fenomeno è spiegabile facilmente. Dalle aree corticali partono milioni di conduttori bicilindrici (fibre nervose) impacchettati in condotti che ne contengono da cinquanta a un migliaio, opportunamente separati tra loro, isolati, lievemente ritorti, così da ridurre al minimo l'effetto pellicolare. Ogni conduttore bicilindrico anche definito *fibra nervosa* porta una corrente di una determinata frequenza ed è tarato per trasportare proprio quella corrente di quella frequenza. Questo è dovuto al rapporto che si crea tra la lunghezza dei raggi dei cilindri coassiali e l'ampiezza della corrente oscillante. Quando un conduttore, o un gruppo di conduttori, fuoriescono dal condotto principale, ciascuno dei conduttori stessi si collegherà a un determinato circuito derivato. Proprio a quel circuito è tarato per trasportare la corrente della medesima frequenza. Ecco perché la biorisonanza funziona davvero.

Effetti benefici delle onde associate a frequenze specifiche

Onde quadre:

- aumento di produzione di encefalite;
- aumento delle difese immunitarie;
- aumento delle funzionalità endocrina;
- aumento della determinazione;

- aumento del dinamismo;
- aumento dell'ottimismo;
- minore stanchezza psicofisica.

Onde triangolari:

- aumento della produzione di endorfine e serotonina;
- aumento della concentrazione;
- aumento della felicità/serenità;
- rimozione delle tensioni nervose;
- induzione di sonno profondo e ristoratore;
- aumento dell'ottimismo;
- minor ansia/depressione.

EFFETTI BIOLOGICI PRINCIPALI:

Pensate ora a tutte le positività che vi ho elencato precedentemente e aggiungete anche le seguenti. Con il Mental trainig e la Biorisonanza magnetica associata possiamo raggiungere e ottenere positività nei seguenti settori:

- **settore della prevenzione**: mantenimento del normale metabolismo cellulare;

- **settore del benessere**: induzione di rilassamento e sonno, riduzione dell'eccesso di stress protezione dagli effetti nocivi dello smog elettromagnetico prodotto da apparecchi tv, videogiochi, videoterminali, computer, radio, luce artificiale, cavi elettrici, linee di alta tensione, cellulari, stazioni radio, elettrodomestici (ferro da stiro, phon, aspirapolvere, forni, frigoriferi, lavatrici); regolazione di stati ansioso-depressivi;
- **settore sportivo**: aumento della resistenza muscolare, eliminazione rapida di acido lattico, aumento della capacità respiratoria polmonare, miglioramento dei tempi di recupero dell'atleta, rigenerazione rapida dei tessuti;
- **settore salute**: aiuta la digestione, la disintossicazione, regolazione della secrezione di insulina, agisce sul metabolismo dell'osso, sul turn-over del calcio (osteoporosi), aiuta il consolidamento delle fratture, azione positiva sulla pseudoartrosi e sui ritardi di consolidazione, diminuzione dei dolori articolari, riduzione dei processi infiammatori;
- **settore PNEI** (psico/neuro/endocrino/immunitario): agisce sull'attività delle cellule e dei tessuti che lo compongono riportandolo all'equilibrio; determina una marcata funzione regolatrice in caso di allergie, malattie autoimmuni, attraverso

la stimolazione della produzione di melatonina combatte i radicali liberi.

SEGRETO n. 13: il Mental training associato alla biorisonanza fa bene anche quando si sta bene. Il Mental training e la biorisonanza non hanno effetti negativi e sono privi di effetti collaterali se ben utilizzati.

Esercizi di Mental training

Prima di proporre le esercitazioni generiche è doveroso precisare che il lavoro migliore è quello personalizzato perché ogni persona è diversa. Per un buon lavoro di Mental training è necessario avviare un processo conoscitivo che permetterà di capire *chi è* il cliente, capire i suoi punti di forza e di debolezza per poterne esaltare il positivo e rielaborare il negativo. Gli esercizi del Mental training sono veramente molti. Quelli qui riportati appartengono a differenti metodi e sono solo una parte relativamente ridotta della gamma di esercizi che utilizzo con le persone che ho come clienti in un percorso di Mental training. Quelli che vi presento non sono né i più importanti né i più efficaci. Li ho scelti per una questione di praticità, ritenendoli adatti a questo corso.

Esercizio di visualizzazione

Trovate una posizione comoda e rilassatevi con una tecnica che vi piace e conoscete, oppure rilassatevi tramite una semplice respirazione diaframmatica in cui la respirazione è lenta e tranquilla. Inspirate dal naso lentamente gonfiando l'addome ed espirate o dal naso o dalla bocca, sempre lentamente, sgonfiando l'addome.

Quando avrete raggiunto uno stato di rilassamento, iniziate a ripetervi mentalmente un'affermazione positiva che vi crea benessere e che sia collegata alle immagini che si desidera evocare. Collegate immagini e affermazioni ai vostri obiettivi di Mental training creando il maggior numero di particolari positivi possibili. Visualizzate proprio come se fosse reale e come se stesse accadendo veramente. Unite a tutto ciò il maggior numero di sensazioni e particolari tramite colori, odori, sapori, sensazioni e movimenti. Una volta trovate le modalità più efficaci fate diventare l'esercizio della visualizzazione un proccdimento quotidiano da eseguire per l'appunto almeno una volta al giorno fino alla realizzazione completa del vostro obiettivo o percorso di Mental training.

Esercizio delle posizioni percettive

Pensate a un'esperienza lavorativa, relazionale o sportiva recente in cui vi siete sentiti in difficoltà e avete provato rabbia e aggressività. Associatevi completamente e in prima posizione all'esperienza. Ora impegnatevi e ponete l'esperienza come su di un palcoscenico o su di uno schermo immaginario. A questo punto mettetevi tra il pubblico e iniziate a guardarvi sul palcoscenico trovandovi così nella terza posizione.

Mentre vi guardate, ricreate le sensazioni di rabbia, fastidio, aggressività, risentimento e tutte le emozioni collegate all'esperienza. Formulate ora un consiglio che possa aiutare il *voi* sul palcoscenico a gestire al meglio le emozioni negative. Dalla terza posizione offrite quel consiglio al voi in prima posizione. Permettete al voi in prima posizione di accogliere il consiglio e reagire con esso. Avete in questo modo molto probabilmente migliorato le cose.

Esercizio dei punti di forza e dei punti deboli

Utilizzate o riproducete lo schema sottostante con penna e righello disegnandolo su un foglio. Sulla colonna in alto di sinistra scrivete *forza*, sulla colonna di destra scrivete *debolezza*. Sulla colonna in basso sinistra scrivete *aspetto debole* e sulla colonna in basso destra scrivete *aspetto forte*. Ecco lo schema:

FORZA	DEBOLEZZA
ASPETTO DEBOLE	ASPETTO FORTE

Ora rilassatevi e chiudete gli occhi. Sulla colonna FORZA in alto a sinistra descrivete che cosa intendete per forza.

Sulla colonna DEBOLEZZA in alto a destra descrivete cosa

intendete per debolezza. Ora riflettete sull'aspetto DEBOLE di ciò che è stato definito forza e sull'aspetto FORTE di ciò che è stato definito debolezza e scrivete i vostri pensieri sulle colonne basse a sinistra e a destra. A riflessione conclusa verificate se si è modificato qualcosa rispetto a questi due concetti e come vi sentite in relazione alla modifica. Noterete che aspetti, atteggiamenti e comportamenti che intendiamo FORZA in alcuni casi possono essere DEBOLI e ciò che intendiamo per DEBOLE in alcuni casi può risultare FORZA. Esempio:

FORZA	DEBOLEZZA
Non ho paura di nessuno.	Mi commuovo e piango.
ASPETTO DEBOLE	ASPETTO FORTE
Egocentrismo e mancanza di valutazione oggettiva del contesto o pericolo.	Ho la capacità di dimostrare e viverc le mie emozioni.

In riferimento all'esempio sopra riportato si possono trarre le seguenti considerazioni: per alcune persone non avere paura di nessuno è un punto di forza, ma esaminando l'aspetto debole di questa caratteristica è possibile che chi assume questo atteggiamento possa rischiare di non saper valutare le situazioni con oggettività. Per alcune persone (principalmente per il sesso maschile) potrebbe essere un punto debole commuoversi e piangere, ma è possibile che invece chi assume questo comportamento in realtà sia una persona forte in grado manifestare e vivere le proprie emozioni al meglio. Da questo si evince che non esistono regole assolute, ma regole relative da adattare in base al contesto in cui ci si trova.

Esercizio della sedia

Disponete tre sedie una di fianco all'altra. Sedetevi sulla sedia centrale e descrivetevi una situazione di vita professionale o sportiva o relazionale di fallimento. Terminata la vostra descrizione alzatevi e sedetevi sulla sedia alla vostra sinistra (la sinistra rappresenta l'emisfero sinistro) e descrivete nuovamente tutta la situazione con uno stato mentale esclusivamente razionale con distacco emotivo. Terminata la nuova descrizione domandatevi se è cambiato qualcosa rispetto alla prima situazione. Ora sedetevi sulla sedia a destra cancellando il lavoro precedente (la destra rappresenta l'emisfero destro, puramente emotivo). Descrivete nuovamente la stessa esperienza con uno stato mentale emotivo da bambino e dopo averlo fatto chiedetevi come vi sentite. Ora andate dietro o davanti alla sedia centrale su cui avete sviluppato la prima descrizione e rimanendo in piedi descrivete per l'ultima volta la situazione con uno stato mentale autoritario e paterno. Chiedetevi nuovamente come vi sentite. A questo punto domandatevi quale delle quattro posizioni vi ha fatto sentire meglio. Questo esercizio serve per aiutare le persone a cambiare stato mentale, il punto di osservazione e il ritmo dell'esperienza. Cambiando connotazione diventa più semplice analizzare e trovare soluzioni riuscendo così a vedere cose che non avevate visto prima o occuparvi di qualcosa di nuovo.

Esercizio per cambiare il flusso

Pensate a una situazione complicata (problema) e compilate le prime tre affermazioni in grassetto. Compilate ogni frase con la prima cosa che vi viene in mente.

Sono privo di sicurezza quando:

____

____

____

Voglio avere sicurezza quando:

____

____

____

Avrò sicurezza quando:

____

____

____

Ora, in riferimento alle vostre frasi precedentemente compilate, rispondete alle seguenti domande relative alla prima questione del *Sono privo di sicurezza quando*:

perché:

____

____

____

prima:

____

dopo:

mentre:

ogni qualvolta:

se:

anche se:

Ora, sempre in riferimento alle vostre frasi precedentemente compilate, rispondete alle seguenti domande relative alla prima questione del *Voglio avere sicurezza quando*:

perché:

---

prima:

---

dopo:

---

mentre:

---

ogni qualvolta:

____

____

____

così che:

____

____

____

se:

____

____

____

anche se:

____

____

____

Sempre in riferimento alle vostre frasi precedentemente compilate, rispondete alle seguenti domande relative alla questione del *Avrò sicurezza quando*:

perché:

____

prima:

dopo:

mentre:

ogni qualvolta:

così che:

____

se:

____

____

____

anche se:

____

____

____

Questo esercizio serve a fare chiarezza, modificare il flusso dei pensieri, gestire e ridurre lo stress. Rispondendo ai quesiti in funzione delle tre affermazione create alle domande in grassetto, abbiamo la possibilità di allenare la nostra mente alla flessibilità e al cambiamento. Notate le differenze?

SEGRETO n. 14: le persone che fanno fronte allo stress in modo efficace sembrano avere tutte un senso di impegno, controllo, sfida, equilibrio, realismo e sanno trovarsi dei momenti solo per loro.

Esercizio per strutturare stati d'animo efficaci

Questo esercizio pone le sue basi sulla potenza delle affermazioni positive. Formulate e poi verbalizzate la sequenza delle azioni in riferimento alle azioni che si desidera migliorare e allo stato d'animo che si desidera ottenere. Ripetete ad alta voce frasi utili in modalità affermativa e propositiva. Le ripetizioni dipendono dalla situazione interna di ogni individuo ma generalmente bastano 5/6 ripetizioni per avere già risultati sufficientemente efficaci.

Esercizio della consapevolezza delle emozioni (nominare e riconoscere le emozioni)

Il seguente esercizio ha l'obiettivo di far comprendere che dietro a una nominalizzazione generica di un'emozione si nasconde un mondo complesso. Esempio: se vi trovate in compagnia di una persona arrabbiata e provate a chiederle come si sente vi risponderà: «Sono arrabbiata». Questa affermazione vuol dire tutto e niente. V'insegno ora a nominare e riconoscere le emozioni. Questo esercizio potrete applicarlo su di voi e su altri con la stessa modalità. Per riuscire in questo esercizio è necessario porre domande mirate e potenti. Ritorniamo all'esempio di una persona che dice: «Sono arrabbiata». Questa sequenza di domande porterà a una maggior comprensione di cosa accade dentro di noi e di cosa si nasconde dietro le quinte, mettendoci così in grado di conoscere meglio la psicodinamica di un'emozione. Esempio di domande:

- Cosa ti fa arrabbiare?
- Cosa ti succede quando sei arrabbiato?
- Che sensazioni provi quando ti arrabbi?
- Che cosa provi fisicamente quando ti arrabbi?
- Che cosa avviene nel tuo corpo?
- Che pensieri passano nella tua mente quando sei arrabbiato?
- Che tipo di emozioni e sentimenti sperimenti quando ti arrabbi?
- Qual è il sentimento negato?
- Qual è il bisogno non rispettato?
- Qual è la convinzione o il valore calpestato?
- Che immagini appaiono nella mente quando ti arrabbi?
- Come reagisci quando ti arrabbi?
- Come reagiscono le persone intorno a te quando ti arrabbi?
- Che cosa c'è d'importante tra tutte le cose che abbiamo menzionato?

Potete utilizzare le suddette domande per qualsiasi emozione proviate. Buon Lavoro!

Esercizio di gestione di un problema emotivo con tecnica cognitiva

Prova a ricordare una situazione che per te è fonte di disagio emotivo relazionale e poi rispondi alle seguenti domande. Prenditi tempo e un tuo spazio per fare con calma questo esercizio. Scoprirai molte cose interessanti e utili:

- *focalizzazione del problema*: qual è il problema e che tipo di fonte di stress crea;
- *gerarchizzazione del problema*: di tutte le cose descritte qual è quella che crea maggior disagio; individua le priorità; metti in ordine i problemi di cui hai parlato iniziando da quello più importante;
- *identificazione e descrizione del problema*: descrivi l'ultima volta che è capitato il problema; quando, dove, e con chi si manifesta il problema emotivo; in quale contesto e quali sono le persone che vengono coinvolte; quando ha avuto inizio; finora come lo hai affrontato;
- *valutazione dell'intensità dell'emozione del problema*: da

quanto tempo è presente questo problema; quante volte accade nell'arco di una giornata; con quale intensità, frequenza e durata; in che modo questo problema interferisce con le tue abituali attività;

- *identificazione degli antecedenti esterni*: se riesci a identificare certi precisi momenti in cui si verifica; quali sono le situazioni che danno il via a tale comportamento emotivo problematico; quali quelle in cui non si presenta; pensa a una precisa persona o a una particolare reazione di questa persona che rende probabile il manifestarsi dei comportamenti emotivi problematici;
- *identificazione degli antecedenti interni*: pensieri, immagini e sensazioni fisiche; cosa avverti fisicamente prima che il comportamento problematico si manifesti; se c'è una particolare sensazione fisica che precede il tuo stato di malessere emotivo; prima che tutto accada quali immagini hai; se c'è un pensiero o un'idea particolare che avvia il comportamento emotivo problematico;
- *identificazione dei conseguenti e dei vantaggi secondari*: come ti senti dopo il comportamento emotivo problematico; come reagisci dopo che sei stato male; che cosa accade dopo; ciò che

accade dopo migliora o peggiora il problema; quali vantaggi hai nel mantenere questo problema; se c'è qualcosa con questo problema che eviti di fare; se questo problema scomparisse che cosa cambierebbe nella tua vita;

- *comprensione del problema emotivo*: come ti senti quando ti trovi immerso nel problema; quali sono i tuoi stati d'animo; che tipo di emozioni e sentimenti sperimenti quando ciò accade; cosa avverti a livello fisico nel momento di disagio emotivo; che cosa avverti fisicamente; che cosa accade nel tuo corpo;
- *ricostruzione della genesi e dello sviluppo del problema emotivo*: quando il tuo problema ha avuto inizio; in quale momento della tua vita; quando è accaduto la prima volta; che cosa accadeva di particolare nella tua vita quando si è verificato tale sintomo per la prima volta; quali cambiamenti si sono verificati nella tua vita dopo che è comparso quel determinato sintomo; come hanno reagito le persone che ti sono vicine;
- *rilevazione della percezione soggettiva del problema*: che idea hai del tuo problema; come spieghi questo problema a te stesso; che cosa significa questo problema per te; come

interpreti la presenza di questo problema; che cosa c'è di importante tra tutte le cose che abbiamo menzionato; dai un titolo al tuo problema emotivo come se fosse un film o un romanzo o un gioco; descrivilo con una parola;

- *le tentate soluzioni al problema emotivo e l'identificazione delle risorse*: come finora hai cercato di far fronte al problema emotivo e in quale modo; quali sono stati gli esiti; cosa è stato efficace e cosa non lo è stato; quali abilità stai mettendo in atto per aiutare te stesso a risolvere questo problema; cosa dici a te stesso per fronteggiare una situazione difficile; cosa potresti fare di diverso in futuro; identifica i passi futuri; perché desideri cambiare; puoi accettare te stesso anche se non riuscirai a raggiungere lo scopo; come mai questo problema per te è così importante.

Bene! Ora che hai risposto a tutto credo proprio che avrai le idee più chiare. Ma ancora non basta. Inizia a mettere in pratica ciò che hai scoperto. Buon lavoro!

Ulteriori esercizi

Vi faccio ora un breve elenco di esercizi di facile applicazione che nella sessioni di Mental training vengono insegnate e fatte sperimentare in studio ai clienti per poi permettere agli stessi di utilizzarle autonomamente nel momento del bisogno. Durante le pause che ci si può ritagliare nel corso della giornata questi esercizi possono essere utilizzati come mini-training mentale anche per recuperare le forze psichiche, la concentrazione, la fiducia in se stessi, la motivazione, il controllo dell'ansia. Questi esercizi possono essere svolti distesi, seduti, in piedi o in qualsiasi posizione comoda che consenta o favorisca la concentrazione e il rilassamento a occhi chiusi.

Primo esercizio

Utilizzando la capacità della visualizzazione si immagini di eseguire con la mente atteggiamenti e comportamenti efficaci e funzionali relativamente alla situazione che si deve affrontare strutturando con dovizia di particolari le modalità più positive possibili. Immaginate un'azione efficace che vi porti a una situazione conclusiva e vincente, gli applausi, le persone gioiose, l'energia positiva ecc. È possibile anche immaginare di avere come obiettivo nella propria mente quello di esprimersi al meglio, senza pensare necessariamente al risultato. Concentratevi esclusivamente su quello che va fatto e non sulle cose da non fare. Se per caso nonostante il primo tentativo non ci si sente ancora pronti o si verificano ancora numerose difficoltà, visualizzate nuovamente la situazione corretta. Abbiate costanza!

Secondo esercizio

Per avere una carica energetica e positiva per affrontare una situazione complessa è possibile utilizzare la "potenza" e la "magia" della musica. La musica ha la potenzialità di evocare stati d'animo, richiamare ricordi, darci carica o tranquillità emotiva. Ognuno di noi ha nei propri ricordi delle musiche che riascoltate fanno emergere emozioni. Pensate semplicemente a quando uno sportivo ascolta la musica durante l'allenamento o prima della prestazione per caricarsi, concentrarsi e attivarsi. Scegliete di ascoltare la musica in base allo stato d'animo che desiderate evocare.

Terzo esercizio

Un esercizio sempre molto utile ed efficace è l'esercizio della respirazione consapevole. Come ho descritto con dovizia di particolari nel corso *Il Corpo e la Mente* faccio presente che la respirazione è un elemento fondamentale per la vita psicofisica dell'uomo. Useremo la classica respirazione lenta e controllata in cui inspiriamo ed espiriamo lentamente. Possiamo unire alla tecnica della respirazione la formulazione di frasi autosuggestionanti. Createvi, e poi pronunciate, frasi autosuggestionanti con formule caricanti durante l'inspirazione e l'espirazione. Le frasi è necessario che siano ben formulate e ovviamente variano di soggetto in soggetto e in base alla situazione e allo stato d'animo.

SEGRETO n. 15: ogni esercizio che diventa una nostra competenza si trasforma in una abilità. Non esistono esercizi perfetti o che funzionano sempre come se fossero delle verità assolute. Esistono degli esercizi utili da adattare a ognuno di noi e al contesto in cui ci si trova.

Attività da svolgere con un amico\a che ci conosce bene

Scegliete qualcosa in cui pensate di non essere bravi. Chiedete al vostro amico/a di porvi queste domande e poi voi rispondete ad esse:

- Come sai di non essere bravo a fare questo?

- Cosa provoca il tuo non essere bravo?
- Cosa significa non essere bravo a farlo ?
- Cosa accadrebbe se tu non avessi questa convinzione ?
- Dunque quale nuova convinzione hai adesso ?
- Come puoi applicare questa nuova convinzione in futuro?

Immaginatevi ora nel futuro mentre dimostrate di essere capaci di fare la cosa che pensate di non essere capaci di fare.

RIEPILOGO DEL CAPITOLO 4:

- SEGRETO n. 13: Il Mental trainng associato alla biorisonanza fa bene anche quando si sta bene. Il Mental training e la biorisonanza non hanno effetti negativi e sono privi di effetti collaterali se ben utilizzati.
- SEGRETO n. 14: Le persone che fanno fronte allo stress in modo efficace sembrano avere tutte un senso di impegno, controllo, sfida, equilibrio, realismo e sanno trovarsi dei momenti solo per loro.
- SEGRETO n. 15: Ogni esercizio che diventa una nostra competenza si trasforma in una abilità. Non esistono esercizi perfetti o che funzionano sempre come se fossero delle verità assolute. Esistono degli esercizi utili da adattare a ognuno di noi e al contesto in cui ci si trova.

Conclusione

Applico il Mental training da molti anni su me stesso e sui miei clienti. Tengo corsi, seminari e conferenze su questo argomento in molte città italiane da dieci anni. Ho visto centinaia di persone anzi migliaia. Chi ha scelto di applicare le tecniche di Mental training quotidianamente e con la giusta modalità ha sempre ottenuto dei miglioramenti. Potrei citarvi decine di casi che ho seguito e che hanno ottenuto risultati positivi. Ma posso anche dirvi che non tutti vogliono cambiare e "guarire". Nel mio lavoro ho incontrato molte persone che dichiaravano di voler cambiare o "guarire" dai problemi. Nel dichiarare il desiderio di cambiamento queste persone nel loro profondo in realtà lo evitavano.

In questo caso ciò che domina incontrastata è la menzogna personale. Una parte di queste persone vuole cambiare ma un'altra parte, che spesso viene nascosta, le imprigiona in un categorico NO. Così queste persone continuano a mentire dicendo: «Voglio cambiare», anche se in realtà continuano a rimanere ferme senza che accada nulla di diverso. Ciò che le imprigiona e blocca è il loro subconscio che dice: «Ho paura, ci vuole troppo coraggio, non voglio lasciare andare, per cambiare è troppo tardi, ormai». Vedo queste persone rimanere in una sorta di limbo di passività cronica. Pur intraprendendo percorsi spirituali e psicologici non fanno altro che dilatare l'area della riflessione a scapito dell'area dell'azione. Tutto ciò, talvolta, li rende sempre più incapaci di andare in profondità! A tutte queste persone io dico: «Non si può cambiare e divenire adulti finché non ci si pone davanti alla "tragica" e impegnativa scelta di un sì e di un no». Non si può cambiare se non si ha la forza di amputare radicalmente gli schemi limitanti. Tutto questo è una sfida, una sfida a un vuoto apparente, che è angoscia del nulla e talora sperdimento radicale. Ma fino a quando quel vuoto verrà evitato non potrà sorgere la speranza di un domani diverso e migliore. Il cambiamento è come un piccolo e grande salto, un salto che è luogo di paura ma anche di speranza. Allora saltate e scoprirete che è possibile cambiare. Tutto ciò che avete letto in questo corso richiede impegno e costanza. Applicatevi e le tecniche vi saranno utili veramente.

Nell'applicare Mental Training per tutti potreste scoprire che non state ottenendo cambiamenti. Queste sono le motivazioni o ragioni principali:

- potreste essere troppo ansiosi: l'ansia è un elemento che tende a inibire i risultati. Quando si ha a che fare con la mente subconscia l'approccio migliore è prendersela con comodo permettendo a quello che deve accadere di accadere;
- potreste essere troppo controllati e avere paura di "lasciarvi andare": se così fosse allenatevi con continuità, questo atteggiamento vi porterà a superare in modo dolce e sicuro le suddette tematiche. Una regola ferrea è che il cambiamento avviene quando viene raggiunto il punto in cui si è pronti a cambiare. Nessuno può prevedere esattamente il momento del cambiamento. Ecco perché è importante insistere e persistere. Non smettete, non desistete, non arrendetevi. Continuate il vostro percorso fino a quando non sarete riusciti a raggiungere i risultati positivi che desiderate;
- potreste non desiderare veramente e fortemente o sufficientemente di cambiare a livello inconscio: un'altra motivazione potrebbe essere che siete poco motivati nel profondo. Vi consiglio di persistere nell'applicazione pratica

del Mental training e vedrete che con grandi probabilità le resistenze si dissolveranno.

Vi saluto con questo ultimo elemento.

I contenuti, le tecniche e i segreti che avete appreso tramite la lettura e lo studio di questo corso non sono che l'inizio. Il vero laboratorio e la vera applicazione cominciano quando li sperimenterete nella vostra vita e quotidianità. Buona Vita!

www.ingramcontent.com/pod-product-compliance
Lightning Source LLC
LaVergne TN
LVHW010815051026
849532LV00007B/2546
9788861745230